Julius Kurth

Die christliche Kunst unter Gregor dem Großen eine archäologische Untersuchung

Julius Kurth

Die christliche Kunst unter Gregor dem Großen eine archäologische Untersuchung

ISBN/EAN: 9783743446137

Hergestellt in Europa, USA, Kanada, Australien, Japan

Cover: Foto ©Thomas Meinert / pixelio.de

Manufactured and distributed by brebook publishing software (www.brebook.com)

Julius Kurth

Die christliche Kunst unter Gregor dem Großen eine archäologische Untersuchung

Die christliche Kunst unter Gregor dem Grossen.

Eine archäologische Untersuchung.

Inaugural - Dissertation

zur

Erlangung der Doctorwürde

von der

philosophischen Facultät der Universität Heidelberg

genehmigt,

eingereicht von

Julius Kurth,
cand. min.

aus Friedrichsfelde bei Berlin.

Halle a. S.
Druck von Wischan & Wettengel.
1897.

Dem Andenken meines Vaters,

des Rektors

Friedrich Wilhelm Julius Kurth

In Dankbarkeit und Verehrung

gewidmet.

Einleitung.

Man könnte erwarten, dass Papst Gregor der Erste, wie er den Institutionen und der Zucht der Kirche, der römischen Theologie, selbst der Politik seiner Tage den Stempel seiner bedeutenden Persönlichkeit aufgedrückt hat, dass noch bei seinen Epigonen die von „dem letzten Kirchenvater" gegebenen Impulse lange Zeit nachwirkten und man ihm den Ehrentitel des Grossen verliehen hat, auch der christlichen Kunst seiner Epoche ein bestimmtes Gepräge verliehen und auch in ihren Denkmälern kommenden Generationen seinen Namen zu erhalten gewusst habe. Haben sich doch seine Vorgänger und Nachfolger beeifert, in den mosaikgeschmückten Apsiden und Triumphbögen der Kirchen Roms ihre Bilder, dem Himmelskönig huldigend oder ihm das Modell des von ihnen gestifteten Gotteshauses präsentierend, darstellen zu lassen, um auch kommenden Äonen ein Denkmal ihrer werkthätigen Frömmigkeit zu hinterlassen, so z. B. Felix IV. (526—30) in der Kirche des Cosmas und Damian, Pelagius II (578—90) in der Lorenzo-Basilika, ja selbst sein, mit ihm verglichen, unbedeutender Namensvetter Gregor II. in der Marcuskirche, sodass man wohl vermuten dürfte, Gregor habe seine Vorfahren und Epigonen wie an Geistesgrösse, so auch in der Pflege der Kunst zu Christi Ehren übertroffen. Allein hiergegen scheint der merkwürdige Umstand zu sprechen, dass uns gerade aus seiner Ära auffallend wenig Monumente erhalten geblieben sind, sodass es schwierig ist, ein Bild des künstlerischen Schöpfergeistes unter seinem Pontifikat zu entwerfen.¹) Es wäre indessen weit gefehlt, wollte man aus diesem Mangel auf eine Abneigung des gegen sich und andere so strengen Charakters gegen die Kunst schliessen oder diese Aversion gar aus seiner auf das Praktische gerichteten Sinnesart zu motivieren versuchen. Denn wo die Denkmäler fehlen, da reden die Zeugnisse der Schriftsteller, und Gregors Biograph Johannes Diaconus (9. Jh.) berichtet uns in seiner Vita S. Gregorii Magni nicht nur von 6 Klöstern, die der Papst auf Sicilien baute (L. 1. c. 5), sondern er giebt uns sogar L. 4. c. 83 ff. eine ganz genaue Schilderung dreier Gemälde, die auf Gregors Veranlassung im Andreaskloster zu Rom angebracht wurden. Jedenfalls dürfte es nicht uninteressant sein, aus allen noch vorhandenen Fragmenten in Denkmal und Schrift eine Darstellung der christlichen Kunst unter der Regierung eines der grössten Päpste zu versuchen, und wir werden im folgenden zeigen, dass die sich bei dieser Aufgabe entgegenstellenden Schwierigkeiten durchaus nicht unüberwindbar sind. Freilich wird es kaum gelingen, in dieser Ära der Kunst einen speciell gregorianischen Charakter aufzuweisen, wie man ihn in der Musik gefunden hat:²) es darf dies aber auch schwerlich erwartet werden in einer Zeit, in welcher die Kunst bereits in ausser ihr liegende Verhältnisse eingezwängt war und nach dem Stadium einer kräftig schaffenden Volkskunst schon beinahe zum Krystallisieren gelangt war.

---

¹) Wir gehen hier nur auf die bildenden Künste, Malerei und Skulptur, ein, während wir Musik und Poësie beiseite lassen. Einiges über Architektur wird unser Hauptteil bringen, soweit dieser Kunstzweig bei dem absoluten Mangel an Denkmälern und den dürftigen Schriftstellerzeugnissen überhaupt in Betracht kommt.

²) Wenigstens lässt die hohe Achtung der späteren Zeit seiner musikalischen Richtung gegenüber, durch welche eine neue Kirchenmusik eingeführt worden sein soll, hierauf einen Schluss zu, wenngleich die ihm zugeschriebenen Compositionen wohl nicht mit absoluter Sicherheit als gregorianisch bezeichnet werden dürfen. (Cf. Dr. H. Riemann, Musik-Lexikon, Leipzig 1887. p. 385 f.)

Erster Abschnitt.

Die Quellen; die christliche Kunst vor und unmittelbar nach Gregor dem Grossen.

§. 1.
Die Quellen.

1.) Musaici Cristiani e saggi dei pavimenti delle Chiese di Roma anteriori al secolo XV ecc. del Commendatore Gio. Battista D e R o s s i. Roma 1872—82.

2.) La Roma Sotteranea Cristiana ecc. dal Comm. G. B. D e R o s s i. Roma 1864. 77.

3.) Storia della arte Cristiana nei primi otto secoli della Chiesa scritte dal P. Raffaele G a r r u c c i. Prato 1873—81.

4.) Tavole cronologiche critiche della storia della Chiesa universale ecc. per Ignazio M o z z o n i. Venezia 1865—66.

5.) Glossarium mediae et infimae Latinitatis conditum a C. D. Dom. Du C a n g e etc. cum supplementis integris D. P. Carpentarii etc. digessit G. A. L. Henschel. Tom. 7 Parisiis 1840—50.

6.) Annales ecclesiastici auctore Caesare B a r o n i o Sorano etc. una cum critica historica-chronologica P. Antonii Pagii Doctoris Theologi ordinis Minorum Convent. S. Francisci etc. Lucae t. I—XIX 1738—46. t. XX—XXXIV (Raynaldus) 1747—56 (t. XI 1742).

7.) Museum Italicum seu collectio veterum scriptorum ex bibliothecis Italicis, eruta a D. Johanne M a b i l l o n et D. Michaele G e r m a n i etc. II. tom. Lutet. Paris 1724.

8.) Real-Encyklopädie der christlichen Altertümer etc. von F. X. K r a u s. Freiburg i. B. 1882. 1886. 2 tom.

9.) Alt-christliche Baudenkmale von Constantinopel vom V. bis XII. Jahrhundert etc. von W. Salzenberg. Berlin 1854.

10.) Histoire des arts industriels au moyen age et à l'époque de la renaissance par Jules Labarte. tom: II. Paris 1873.

11.) Patrologiae cursus completus etc. accurante J.—P. Migne, Patrologiae Latinae Tomus LXXV. Sanctus Gregorius Magnus, Lutet. Paris 1862.

12.) H. J. Wetzer und B. Weltes, Kirchenlexikon oder Encyklopädie der katholischen Theologie etc. 2. Aufl. Bd. VI. Freiburg 1889. (Bd. I. 1847.)

13.) Die Politik der Päpste von Gregor I. bis auf Gregor VII. Dargestellt von R. Baxmann. I. Theil. Elberfeld 1868.

14.) Nouvelle biographie générale depuis les temps les plus seculés jusqu'à nos jours etc. par Mm. Firmin Didot frères sous la direction de M. Le Dr. Hoefer. Paris. T: I—XLVI. 1852-66.

15.) Cypriani Galli poëtae Heptateuchus ed. Peiper. Pragae, Vindobonae, Lipsiae 1881. (Corp. script. eccles. Lat. t. XXIII.)

16.) Quinti Septimi Florentis Tertulliani quae supersunt opera ed. F. Oehler. Lipsiae 1853. 54. III. tom.

17.) Sci. Ambrosii Mediolanensis episcopi opera etc. studio et labore monachorum ordinis S. Benedicti, e congregatione S. Mauri. tom. I. II. Parisiis 1686. 1690.

18.) Sci. Gregorii papae I cognomento Magni opera omnia etc. cf. 17. tom. I—IV Parisiis. 1705.

19.) Totius Latinitatis Lexicon, opero et studio A. Forcellini lucubratum et a J. Furlanetto etc. novo ordine digestum etc. cura a studio Doct. V. De-Vit. T. I—VI. Prati 1858—79.

20.) Lexicon totius latinitatis J. Facciolati, A. Forcellini et J. Furlanetti etc. auctius, emendatius melioremque in formam redactum curante Doct. F. Corradini. Tom. I—III. Patavii 1864—71.

21.) Die Darstellung der Apostel in der alt-christlichen Kunst. Eine ikonographische Studie von J. Ficker. Leipzig 1887.

22.) Θησαυρὸς τῆς ἑλληνικῆς γλώσσης. Thesaurus Graecae linguae ab H. Stephano etc. Parisiis tom. V. 1842—46.

23.) Herzog, Real-Encyklopädie für protestantische Theologie und Kirche. V tom. Leipzig 1879.

24.) L. De Tillemont, Memoires pour servir à l'histoire ecclesiastique des six premiers siecles. Venedig 1732.

25.) Vestiarium Christianum. The origin and gradual development of the dress of holy ministry in the church by the Rev. Wharton b. Marriott, M. A., F. S. A. etc. London 1868.

26.) Das Kleid des Herrn auf den frühchristlichen Denkmälern von A. de Waal. Freiburg im Br. 1891.

27.) V. Schultze, Archäologie der altchristlichen Kunst. München 1895.

28.) Zwei antike Elfenbeintafeln der k. Staats-Bibliothek in München. Wilhelm Meyer aus Speyer.

29.) A descriptive catalogue or the fictile ivories in the South Kensington Museum. J. O. Westwood. London 1876.

30.) Martigny, Dictionnaire des antiquités chrétiennes. Paris 1877.

31.) Thesaurus veterum diptychorum consularium et ecclesiasticorum etc. A. F. Gori. Florenz 1759. III. Tom.

32.) Der Phönix und seine Aera etc. von Dr. P. Cassel. Berlin 1879.

33.) Bullettino di archeologia cristiana del commendatore G. B. De Rossi. Roma.

34.) Geschichte der christlichen Kunst von F. X. Kraus. I. Bd. Freiburg 1895. 96.

35.) Sci. Gregorii Papae I. opera Sixti V. P. M. iussu etc. emendata. Romae. 1588.
36.) Vetera monumenta etc. Ciampini. Roma 1690.
37.) Die altchristliche Architektur etc. von H. Holtzinger. Stuttgart 1889.
38.) Selecta imagines deiparae virginis in coemeteriis in subterraneis. De Rossi. Roma 1863.
39.) Beiträge zur kirchengesch. Archäologie und Liturgik. Hefele. Tübingen 1864.
40.) Römische Privataltertümer etc. Marquardt. Leipzig 1879.
41.) Die gottgeweihten Jungfrauen in den ersten Jahrhunderten der Kirche etc. J. Wilpert. Freiburg i. B. 1892.
42.) Catacombes de Rome. Perret. Paris 1851.
43.) Dobbert, das Abendmahl Christi in der bildenden Kunst bis gegen Schluss des 14. Jahrh. 7. Forts. Repertorium der Kunstwissenschaft. Bd. 18. 1896.)

§ 2.
Die christliche Kunst vor Gregor dem Grossen bis zum Beginn des sechsten Jahrhunderts.

Wenn wir auf die Kunst unter Gregor dem Grossen näher eingehen wollen, so ist es kaum möglich, eine Schilderung derselben zu geben, ohne auf die vorhergehenden Kunstepochen und ihre Entwicklung sowie auf die unmittelbar auf Gregor folgende Periode einen Blick zu werfen, da, wie schon bemerkt, die Monumente seiner Zeit und die Schriftstellernachrichten höchst spärlich sind, und sich daher unsere Aufgabe derartig gestalten muss, dass wir Gregors Ära für die christliche Kunst als ein vielfach der Ergänzung bedürftiges Glied der allgemeinen Kunstgeschichte betrachten. Natürlich können wir in der Entwicklungsschilderung der christlichen Kunst bis auf unseres Papstes Jahrhundert nur einen kurzen, allgemeinen Abriss geben, welcher ausschliesslich solche Punkte hervorhebt, die für unsere spezielle Aufgabe von Bedeutung sind.

Indem die christlichen Künstler formell ganz auf dem Boden der Antike standen, hatten in den ersten drei Jahrhunderten unserer Zeitrechnung ihre Ideen hauptsächlich in den Fresken der Coemeterien ihren Ausdruck gefunden. Stammten schon an sich viele mehr ornamentale Verzierungen der Catacombenwände direkt aus heidnischen Vorstellungskreisen, wie z. B. die Darstellungen des Orpheus, der Dioskuren, des Amor und der Psyche u. a., so zeigen auch die aus rein christlichem Geiste entspringenden Gemälde durchaus die Freiheit und Frische der antiken Formen. Von einem neuen Stile kann bei diesen Bildern kaum die Rede sein. Die Figuren sind leicht und lebendig gezeichnet, keine ihrer Bewegungen ist ohne Bedeutung, wir erhalten durchaus den Eindruck einer kräftigen, naiven Volkskunst, die in ihrer Schaffensfreude sich nicht scheut, ein und denselben Gegenstand immer und immer zu wiederholen, und selbst das historische Beiwerk ihrer Darstellungen mit der allergrössten Freiheit behandelt. Bald aber bildeten sich bestimmte Typen heraus. Man gewöhnte sich, trotz individueller Mannigfaltigkeit in den Details, doch einer bekannten Scene das beliebte Gepräge zu geben, in dem sie in der ältesten Zeit meistens dargestellt war. Ein bestimmter Bilderkreis entwickelte sich allmählich, wenn er auch, wie das bei einer Volkskunst stets der Fall sein muss, nicht gewissen dogmatischen Prinzipien unterzuordnen ist, und mit dem Material der nun in Blüte kommenden Sarcophagmeisselei begann auch die Kunst selbst allmählich zu versteinern. Seit einmal die Kirche anfing, sich als Weltmacht zu fühlen, seit sie unter Constantins Siegesära ihr Haupt spottend über die »Bauernreligion« des Heidentums erheben durfte, musste sie mehr und mehr conventionell werden. Und wenn auch ein an der via Salaria entdeckter Marmorsarcophag[1], der zu den ältesten christlichen

---

[1] cf. De Rossi Bullet. Ser. V. Anno II 1891. p. 10. Tav. II—III.

gehört, welche wir besitzen, in seinen schönen Formen und seiner originellen Darstellung sich wohl antiken Kunstwerken zur Seite stellen lässt und weder Manier, noch Conventionalität zeigt, so werden doch die Sarcophagreliefs der späteren Zeit immer schematischer. Kannte die alte Catacombenkunst noch keinen Unterschied in den Gestalten der Apostel, sondern bildete sie sie als Begleiter des Erlösers alle gleich jugendlich und bartlos, wie diesen selbst, so entwickelte sich schon auf den Sarcophagen ein bestimmter Typus für die Apostel Petrus und Paulus, indem der erste ein kurzes, gedrungenes Gesicht, krauses, kurzes Haar, eine niedrige Stirn und als Attribut ein Kreuz empfing, während der grosse Heidenapostel durch eine hohe Stirn, spärlichen glatten Haarwuchs und einen spitzen Bart gekennzeichnet wurde. Ja, selbst der jugendliche bartlose Typus des Erlösers, wie ihn die älteren Catacombenfresken zeigen, wurde vorwiegend nur bei historischen Scenen des Neuen Testamentes angewandt, während ihm bei der Darstellung des erhöhten Herrn ein älterer, bärtiger Typus an die Seite tritt, und zwar so, dass wir beide Typen bisweilen auf ein und demselben Sarcophage bemerken[2]). Der Bilderkreis der Catacomben blieb auf den Sarcophagen noch wesentlich derselbe; auch hier der gute Hirt, die Magierscene, die Jonasgeschichte, des Lazarus Auferweckung, Isaaks Opferung u. s. w., obschon die Plastik sich auch an eine Darstellung der Leidensgeschichte (ausschliesslich der Kreuzigung) wagte[3]), welche die Maler der Coemeterien aus keuscher Furcht, den Herrn in der tiefsten Erniedrigung zu zeigen, durchaus vermieden hatten. Auch wurde der Bilderkreis, wenngleich man die alt-hergebrachten Scenen beibehielt, bedeutend erweitert, so z. B. durch die Darstellungen der Verleugnung des Petrus, des leidenden Hiob, der Geburt

---

[2]) cf. Garrucci Stor. V tab. 315_5, 330_5, 333_1. 2. 3.
[3]) cf. Garrucci l. c. V t. 322_2 (der Sarcophag des Junius Bassus) 323_4, 334_2 etc., und die Passionssarcophage 350_1. 2. 352_2.

Christi etc. Die Kunst der Elfenbeinsculpturen ging dann mit der der Sarcophage Hand in Hand. Die Lipsanothek in Brescia⁴), die schöne Pyxis Garrucci l. c. VI 440, zeigen uns ähnliche Darstellungen, wie dort, auch die Typen der beiden grossen Apostel sind geblieben⁵). Auf die Consulardiptychen werden wir in Gregors Epoche etwas einzugehen haben. Die Goldgläser zeigen neben Privatdarstellungen einen ähnlichen Bilderkreis, wie die Catacombenfresken und Sarcophage. Auf eines derselben werden wir zurückzukommen haben.

Die Lampen bieten für unseren Zweck nichts bemerkenswertes⁶), ebensowenig die Gemmen⁷) und Pasten.

Dies möge für einen kurzen Abriss der Kunstgeschichte bis zum VI. Jahrhundert genügen.

§ 3.
Die christliche Kunst vor Gregor dem Grossen im sechsten Jahrhundert.

Inzwischen hatte sich nach dem Verblühen der Catacombenmalerei eine neue stolze und prächtige Gattung der christlichen Kunst entwickelt, deren Künstler zu unserem Glücke ein dauerhafteres Material benutzten, als die Maler der Coemeterien, nämlich die Mosaikmalerei. Es entsprach der grossartigen Weltstellung der Kirche, in möglichst kostbarer und prachtvoller Weise von ihrem Siegergeiste Zeugnis abzulegen, und mit den malerischen Erzeugnissen

⁴) cf. Garrucci VI. 141 — 145.

⁵) cf. auch die schöne Petrusfigur aus Bronce, Garr. VI. t. 467_3, welche gleichfalls den geschilderten Typus trägt, und die Broncelampe. (?) Garr. VI. t. 469, 1. a. b.

⁶) Wahrscheinlich darf man in einzelnen der männlichen Brustbilder Petrus- und Paulustypen erkennen, doch wird im einzelnen Falle schwer festzustellen sein, ob die eine oder die andere Figur gemeint sei. (cf. Garr. VI. 476_5?).

⁷) Erwähnenswert für uns nur Garr. VI 478_{87} ein thronender Petrus nach dem bekannten Typus mit Kreuz und 479_8 die Köpfe der beiden Apostel.

aus glänzenden bunten oder metallfarbigen Glaswürfeln, welche bald die Wände, Conchen und Triumphbögen der Basiliken wie mit reichen Teppichen bedeckten, tritt der gesamte Darstellungskreis der Kunst in eine ganz neue Epoche. Zwar finden wir noch nach wie vor Scenen aus des Heilandes Erdenleben dargestellt.[1]) Aber wie im Osten des römischen Weltreiches ein Kaiser in grosser Pracht thronte der das Bekenntnis zu dem Gekreuzigten zur Staatsreligion gemacht hatte, so stellte man jetzt den Herrn am liebsten in seiner himmlischen Erhöhung und Herrlichkeit dar, umgeben von seinen Aposteln, über ihm die Kräfte der jenseitigen Welt.

So zeigt ihn uns schon eins der ältesten und das von künstlerischem Standpunkte aus am höchsten stehende Apsismosaik von St. Pudenziana in Rom[2]). Dass der **erhöhte** Herr gemeint sei, der unter seinen Aposteln sitzt, zeigt uns ausser den Tieren der Apocalypse in den Wolken die Gegenwart des Paulus. Das herrliche Werk entbehrt noch jeglichen Formenzwanges. Die Gesichter der Apostel, unter denen das des Paulus und Petrus den bekannten Typus tragen, sind teils en face, teils im Profil, teils im Halbprofil wiedergegeben. Die Gruppierung ist meisterhaft und lebensvoll, das Colorit gedämpft und zart, das Gold nur sparsam und zweckvoll angewendet, der Hintergrund aus mattfarbigem Gewölk bestehend und durch Gebändekomplexe gehoben, und alles atmet den feinen Farben- und Formensinn der klassischen Kunst. Allein diese Darstellung ist einzig dastehend und das unter den Mosaiken, was der Sarkophag von der via Salaria unter seinen späteren Genossen ist. Denn gar bald übertrug sich das steife Ceremoniell des byzantinischen Hofes auch auf die Mosaiken und machte ihre Figuren zu Petrefacten. Dies zeigt sich auffällig in der unserem

---

[1]) So St. Maria Maggiore und St. Apollinare nuovo in Ravenna u. a., während die ravennatischen Taufdarstellungen durch den Ort ihrer Verwendung erklärt werden.

[2]) De Rossi, Musaici XIII—XIV. Garrucci IV t. 208.

grossen Gregor am nächsten stehenden Epoche der musivischen Kunst. Betrachten wir zunächst die römischen Mosaiken. Hier wird es zum (bisher wenig beachteten) Prinzip, alle Köpfe en face darzustellen; der bärtige Christustypus des Pudenzianabildes blickt immer ernster und strenger, die Farben werden prachtvoller und satter, aber auch bunter und unmotivierter, der Hintergrund erhält eine stereotype Goldfarbe[3], das Gewölk wird zu bunten, regellosen Flecken, fast die einzige Staffage der paradiesischen Landschaft bilden steife Palmen oder Blumen. Die Typen der beiden grossen Apostel werden fast Caricatur, zugleich erscheint (fast stets in der linken Ecke) die Figur des Pontifex, der Kirche und Gemälde gestiftet hat. Ebenso wird eine symbolische Darstellung am unteren Rande der Conchamosaiken beliebt, die ihr Prototyp schon auf den Sarcophagen hat[4], nämlich das Lamm Gottes mit dem Kreuznimbus auf einem Hügel, dem die vier Paradiesesströme entquellen, und auf welches je sechs Schafe als die Apostel aus Gebäudecomplexen mit der Überschrift »Jerusalem« und »Bethleem« in steifer Prozession zuschreiten. All' dies wird in einer Schilderung der einzelnen Gemälde klarer werden.

Die Concha- und Triumphbogenscene in St. Cosma e Damiano, die schon oben erwähnt wurde, und deren Herstellung mit Sicherheit Felix IV. (526—30) zuzuschreiben ist, enthält in vieler Beziehung Merkwürdiges. Man kann sie als Vorbild aller ähnlichen Darstellungen betrachten. Die Concha zeigt den erhöhten Herrn auf rotem Gewölk stehend, über ihm die Hand Gottes einen Kranz

[3] Hiervon macht nur das in vieler Beziehung merkwürdige Mosaik der Concha von St. Cosma e Damiano (De Rossi Mus. V—VI, Garr. IV, t. 253) (und eine seiner Copien) eine Ausnahme, dessen Hintergrund tiefkobaltblau ist. Doch scheint sein kaltes und prachtvolles, fast düsteres Colorit orientalischen Einfluss zu verraten, wie auch auf ihm die Silberfarbe eine hervorragende Rolle spielt. Hierüber genaueres im folgenden.

[4] cf. Garr. V t. 386$_2$, $_3$. 332$_1$ etc.

haltend⁵), unter ihm Paulus und Petrus, die beiden Titelheiligen zuführend, ganz links St. Theodor, ganz rechts die leider jetzt völlig zerstörte und falsch ersetzte Papstfigur. Unter dieser Scene ist der (links stark demolierte) Lämmerstreifen, darunter wieder finden sich, gold auf blau, die Distichen der Inschrift. Was diese Scene so besonders interessant macht, ist nicht nur das bereits erwähnte, ihr und einer ihrer Copien einzig angehörige Colorit, sondern auch der auf einer Palme über St. Paulus sitzende stelzbeinige Vogel im Strahlennimbus⁶), den wir als Phönix erkennen. Dass er (vielleicht auch die ihm gleich φοινιξ lautende Palme?) irgend eine mystische Beziehung auf Paulus habe, ist nach den späteren Parallelen, die ihn stets über diesem Apostel zeigen, (cf. aber § 4, Anm. 1) wahrscheinlich, wofern nicht alle übrigen Darstellungen gedankenlose Copieen sind und er nur Staffage zur paradiesischen Landschaft ist (cf. St. Prassede, St. Cecilia)⁷). Jedenfalls bleibt uns die Composition geheimnisvoll, und wir wagen nur zu vermuten, dass der Phönix als Symbol des auferstandenen Herrn vielleicht am liebsten dem Apostel zugesellt werde, der die Auferstehungsthatsache am meisten betont. (1. Cor.)

⁵) De Rossi l. c. zeigt einen mattblauen Kreisausschnitt, indessen erhellt aus allen Parallelen dieser Scene und der alten Zeichnung bei Ciampini, vetera monimenta II, tab. XVI, (worauf auch De Rossi hinweist), dass hier zweifellos die Hand mit der Corona zu ergänzen ist. Papst Urban VIII hatte an dieser Stelle ein Fenster durchbrechen lassen!

⁶) Garrucci IV t 253 zeigt fälschlich einen Sternennimbus. cf. De Rossi l. c. V. VI.

⁷) Freilich ist die in ägyptische und indische Mythologie zurückgreifende Ausführung bei Paulus Cassel (Der Phönix und seine Ära) mehr für ein litterarisches Curiosum zu halten, als ernst zu nehmen, und ich bin weit entfernt, hier auf die vielfach oberflächliche und falsche Darstellung der Détails näher einzugehen. Dennoch kann sie zeigen, wie schwer es ist, hierüber jemals ein sicheres Resultat zu erzielen.

Von grösstem Interesse wird hier das Garr. III. t. 180₆ p. 147 ff. abgebildete und beschriebene Goldglas der vaticanischen Bibliothek, welches uns fast einen genauen ›Abklatsch‹ dieser Scene zeigt. Der Herr auf einem Berge (?), Petrus mit dem Kreuz, von ihm eine Rolle empfangend, Paulus mit der Phönixpalme, unten der Lämmerstreifen [8]). Die Datierung des Glases ist zweifelhaft. Wir sind geneigt, es in unsere, vielleicht sogar Gregors Epoche zu setzen, obschon dies für ein Goldglas spät ist; indessen bliebe bei früherer Datierung die auffallende Übereinstimmung mit dem Mosaik rätselhaft, da diese Darstellung in der musivischen Kunst zum ersten Male auf unserem Gemälde erscheint. Nehmen wir keinen Connex zwischen Goldglas und Mosaik an, so ist die Übereinstimmung unerklärlich, nehmen wir einen Connex an, so ist es wahrscheinlicher, dass der Glaser den Maler copiert habe, als umgekehrt. Die Annahme einer gemeinschaftlichen Quelle scheitert daran, dass nicht diese, sondern unser Mosaik immer wieder von andern Mosaikkünstlern copiert worden ist [9]). Jedenfalls wird diese ganze Scene von hier ab typisch

---

[8]) Kraus R. E. I. p. 612 bringt es ergänzt und mit kleinen Abweichungen. Seine Deutung der Schafe auf „Juden und Heiden" ist schwer begreiflich! Denn dass der Goldglasverfertiger nur 6 Schafe anstatt der üblichen 12 darstellte, ist doch bei dem kleinen Raume des Glases erklärlich.

[9]) Ebenso interessant wie das Goldglas ist für uns eine in der Priscillacatacombe entdeckte späte Steinplatte mit eingemeisselter Zeichnung, (cf. Garr. IV. p. 142 t. 484₁₄, Marangoni, St. del Sancta Sanctor. p. 171 f.) die Garrucci ins 4. Jh. datiert, wir dagegen in unsere Zeit setzen und wiederum von dem geschilderten Mosaik für beeinflusst halten möchten. Sie zeigt den Herrn auf einem Berge, links Paulus mit der Phönixpalme, rechts Petrus mit einem Kreuz, vom Herrn eine Buchrolle empfangend, vor dem Hügel noch ein Hügel mit dem Lamm und 3 (!) Paradiesesflüssen, zu beiden Seiten aus Gebäudecomplexen je 6 Schafe zur Mitte wandelnd; auf dem Pallium des Paulus eine ganz ähnliche buchstabenartige Verzierung, wie in St. Cosma e Damiano, während diese sowohl hier, wie auf dem Mosaik, auf Petri Pallium fehlt. (!) Die Schafe sind hier weniger steif.

für die kommende Epoche. Ebenso ein Prototyp ist aber auch die auf dem Triumphbogenmosaik derselben Basilika dargestellte (stark fragmentierte) Huldigung des zwischen sieben Leuchtern, vier Engeln und den vier Tieren thronenden Lammes durch die vierundzwanzig Ältesten[10], welche nun stets in Verbindung mit der Phönixscene bleibt. Doch genug von diesen Darstellungen, deren Details wir. noch später benutzen werden.

Noch ein anderes Mosaik aus der Epoche unmittelbar vor dem grossen Gregor sei erwähnt, da es uns gleichfalls später interessante Punkte für die Kunst unter Gregor an die Hand geben wird. Es ist das Triumphbogenmosaik in der Lorenzobasilika aus den Tagen Pelagius II. (578—90). Der Hintergrund trägt die nun zur Regel werdende Goldfarbe. Der Herr in braunem Gewande, ein Kreuz haltend, thront auf der Erdkugel zwischen den weissgekleideten grossen Aposteln, von denen Petrus ein Kreuz[11]), Paulus eine Buchrolle hält. Der Titelheilige steht links davon, rechts St. Stephanus und Hyppolit, während von der Papstfigur ganz links, welche das Basilikenmodell trägt, leider nur Kopf und Füsse erhalten sind. Diese Lücke ist wirklich tragisch; ein Glück, dass uns hier wenigstens der Kopf des Pelagius intakt geblieben ist. In den fragmentarischen Zwickeln des Bogens erkennt man noch zwei Gebäudecomplexe mit den Inschriften: »Hierusalem« und »Bethleem«.

Soviel über die vorgregorianischen Mosaiken Roms.

Was nun die ausserrömischen Mosaikgemälde dieses Jahrhunderts betrifft, so werden wir für unsern speziellen Zweck aus ihnen weniger schöpfen können, als aus den römischen. Obgleich im Stile sehr verwandt, zeigen sie doch sonst bedeutende Verschiedenheiten, ja es scheint als ob bestimmte Darstellungen (Phönix über Paulus,

---

[10]) Apocalypse, c. 4 und 5, genauer c. 5, 6—13.
[11]) Die Schlüssel bei Garr. IV. t. 271 sind wohl ein Zusatz des Zeichners. Bei De Rossi l. c. III. IV. fehlen sie.

Lamm auf Paradiesesströmen etc.) speziell römisch gewesen seien, und die römischen müssen wir doch in erster Linie berücksichtigen, wenn wir über die Kunst unter Gregor sprechen wollen.

Indessen bietet uns das (wenn auch schwerlich schon unter Justinian zu setzende, cf. Byz. Ztschr. V. Jahrg. p. 591. Dobbert.) Mosaik in der Sophienkirche zu Constantinopel,[12]) auf welchem ein Kaiser (Leo VI? Kondakoff.) dem Heiland die Proskynesis erweist, manches für uns bemerkenswerte. So scheint das weisse Gewand des Herrn, die Silberfarbe einzelner Teile und das hervorstechend angewandte Blau im Zusammenhang mit dem Colorit von St. Cosma e Damiano zu stehen (s. o.), für unseren speziellen Zweck aber ist von Interesse das Vorkommen zweier Medaillonbilder, (Maria und Michael)[13]) der Kreuzgestus der Rechten des Herrn und das beschriebene Buch in seiner Linken. Obschon der Stil nicht ganz so steif ist, wie auf den römischen Bildern, so zeigen doch auch die Gesichter stets die Vorderseite, und der Eindruck des Ganzen ist ein feierlich-ernster. Von den ravennatischen Mosaiken, welche um die Mitte des sechsten Jahrhunderts entstanden sind, werden wir auch nur Détails verwerten können, da Gregor auf Ravennas Kunst wohl wenig Einfluss übte, umgekehrt die römische Kunst, wie wir gesehen haben, ihre eigenen, stereotypen Bahnen ging und nur einiges vom Orient herübernahm. Wir finden nun hier die figurenreichen gewaltigen Repräsentationsscenen, (St. Vitale, St. Apollinare nuovo) ferner speciell hier vorkommende Darstellungen, wie die Taufe Christi, (St. Maria in Cosmedin,

[12]) Salzenberg l. c. Bl. XXVII. Kraus R. E. II. 426 f. Heut ist dieses Meisterwerk leider mit dicker Goldfarbe übermalt und hässlichen Arabesken bedeckt, so dass es mir bei meinem Aufenthalte in Constantinopel kaum gelang, auch nur die Umrisse der Figuren zu erkennen.

[13]) Die Medaillons der römischen cappella di S. Zenone in S. Prassede (Garr. IV. t. 287) entstammen erst dem 8.—9. Jh. Kraus R. E. II. p. 429.

Garr. IV. t. 241, Copie des Gemäldes aus St. Giovanni in fonte zu Ravenna, c. 449—453 unter Erzbischof Neon,) der Wittwe Scherflein (St. Apollinare nuovo,) den Verrat des Judas (Garr. l. c. 242—251) etc. Wir sehen eben, dass sich Ravennas Kunst in ganz anderen Ideenkreisen bewegt, als die römische, und wenn auch ihr Stil ungefähr derselbe ist, so werden wir für unser Thema wenig entlehnen können. Dennoch soll es nicht unerwähnt bleiben, dass auch in Ravenna, wie in Byzanz, Medaillonbilder aufkamen, (Garr. l. c. t. 259. St. Vitale), welche Portraits enthalten, während dies in Rom noch nicht Sitte ist.

So viel von den Mosaiken überhaupt. Was nun die Fresken dieser Epoche betrifft, so war die Blütezeit ihrer Kunst längst vorüber. Für uns kommt wohl nur das Garr. II. t. 105 mitgeteilte Gemälde der Catacombe della Sanità zu Neapel in Betracht, wo ein (übermaltes) Brustbild Christi in viereckigem Rahmen und in den Ecken des ganzen Bildes vier Medaillons mit den Evangelistensymbolen erscheinen. Allein wir können aus dieser spärlichen Darstellung, obwohl sie dem sechsten Jahrhundert entstammt, wenig für Stil und Formen unserer Epoche schliessen. Interessant werden für uns die bald nach Gregor entstandenen Fresken werden.

Die Elfenbeinplastik kommt für unsere Zeit kaum in Betracht;[14]) über ein Diptychon wird noch im Hauptteil näheres mitgeteilt werden. Von Goldgläsern, Pasten, Gemmen etc. gilt dasselbe, dagegen müssen wir noch auf einen Zweig der Malerei eingehen, dessen Erzeugnisse für uns von Wichtigkeit sein werden: die Miniaturen. Das Abendland liefert uns vom 5. bis zum 8. Jahrhundert wenig Material für diese Kunst, (über das Evangeliar No. 286 der Bibl. des Corp. Christi-Coll. zu Cambridge s. u.) dagegen kam sie in Byzanz zu grosser Blüte. Wir erinnern nur an den von Gebhard und Harnack edierten codex

---

[14]) cf. das bei Mozzoni, tav. cron. crit. secolo sesto p. 71 mitgeteilte Elfenbeinrelief, dessen Datierung indessen unsicher ist.

Rossanensis aus dem 5. oder 6. Jahrhundert, der indessen, da seine Datierung schwankt, für uns wenig ins Gewicht fällt. Wichtiger ist uns die Pergamenthandschrift der Werke des Pedacius Dioscurides, welche der in den ersten Regierungsjahren des Justinian zu Byzanz verstorbenen Prinzessin Juliana Anicia, Kaiser Olybrius Tochter, dediziert ist. Labarte l. c. 2. pl. XLIII giebt das Facsimile einer der 6 Miniaturen aus diesem Codex, die Prinzessin in reicher Gewandung, eine rote, goldpunktige Mitra auf dem brünetten Köpfchen, zwischen der Grossherzigkeit und der Klugheit thronend, die ganze Darstellung auf blauem Hintergrunde in einem achtspitzigen Goldstern mit Purpurzwickeln. Wir werden aus dieser Darstellung einiges benutzen können.

Ein zweites Manuscript, das für uns von Interesse ist, wurde vier Jahre vor Gregors Stuhlbesteigung vom Mönche Rabula im mesopotamischen Johanneskloster Zagba mit Miniaturen geschmückt, von denen die bei Labarte publizierte die Kreuzigung und die Auferstehung Christi darstellt.[15]) Das Manuscript der Typographia Christiana des Cosmas[16]) möchte ich hier nicht näher beschreiben, da seine Datierung unsicher ist.

Betrachten wir aber die beiden erwähnten Handschriften mit ihrem Bilderschmuck, so bemerken wir, dass ihr Stil ein völlig anderer ist, als der der Mosaiken und Fresken jener Zeit. Die Conzeption ist leicht und gewandt; keine Spur der Steifheit, wie sie die anderen Zweige der Malerei zeigen; die Dioscurideshandschrift ist geradezu klassisch schön, Rabulas Werk wohl absichtlich skizzenhaft, dagegen höchst lebendig in der Composition. Das stereotype »En-face« erscheint aufgegeben, das Colorit sehr geschmackvoll, kurz, es ist, als ob die Miniaturmaler des Ostens nie ein Mosaik- oder

---

[15]) Labarte l. c. 2. pl. XLIV. Über die andern Miniaturen cf. Kraus, G. d. c. K. I. p. 463.
[16]) Vaticanische Bibliothek. Labarte l. c. 2. pl. XLV.

Al-fresco-Bild gesehen hätten. Wohl möglich, dass das Material, das die Herstellung erleichterte, auch die Formen lebendiger machte; jedenfalls müssen wir hier einen ganz eigenen Stil constatieren.

Dies möge für die Schilderung der christlichen Kunst unmittelbar vor Gregor dem Grossen genügen, soweit ihre Denkmäler für unser Thema von Wichtigkeit sind.

§ 4.
Die christliche Kunst unmittelbar nach Gregors des Grossen Zeit.

Von den Denkmälern der nachgregorianischen Zeit können für uns nur solche in Betracht kommen, welche mit den Ideen der früheren in Beziehung stehen, sie näher ausführen, sie copieren. Die Plastik liefert für uns nichts bemerkenswertes; die Mosaikkunst wird immer steifer und starrer, die Typen verzerren sich zu Caricaturen, die Farben leuchten grell und unvermittelt. Das erwähnte Mosaik von St. Cosma e Damiano wird genau copiert, nur dass die Heiligenfiguren wechseln. (St. Prassede, St. Cecilia.)[1] Die Züge des Herrn werden immer strenger, das Colorit der Gesichter wird immer bleicher; man verliert im Ceremoniell vollkommen den Sinn für die Bedeutung des Dargestellten,[2] kurz, die Kunst, den Bahnen der Vorfahren kleinlich genau folgend, ohne an ihre Grösse und Originalität heranreichen zu können, erleidet einen Verfall.

[1] Auf dem ganz späten Mosaik der Kirche St. Maria in Trastevere (De Rossi l. c. VII. VIII.) erscheint der Phönix in der stereotypen Form auf der Palme links, aber seltsamerweise über dem Propheten Jesaias; doch stehen in andern Mosaiken, auch wo der Phönix nicht erscheint, an Stelle der beiden Propheten Jesaias und Jeremias die beiden grossen Apostel, und die Anwendung der Phönixpalme beruht wohl auf einem Missverständnis des Meisters. (Garr. IV. t. 294. 287.)

[2] Auf dem Triumphbogenmosaik von St. Maria in Trastevere (cf. Anm. 1.) hangen an den Wolken zwei Vogelbauer!

Etwas erfreulicher sind für uns die Fresken der Folgezeit. Wir finden in ihnen manches, was wir für unseren Zweck vorzüglich benutzen können. Es kommen hier besonders in Betracht die wohl dem siebenten Jh. oder dem Anfang des achten Jahrhunderts entstammenden Gemälde der sogenannten Lucina - Krypta,[3]) ferner das Bild im Cubiculum der vier Heiligen in der Generosacatacombe,[4]) schliesslich die unserer Epoche am nächsten stehenden Darstellungen des Januariascoemeteriums in Neapel.[5]) Ihr Stil ist wesentlich lebendiger und leichter, als der der Mosaiken, wennschon auch ihre Figuren sämmtlich en face dargestellt sind; ihr Colorit ist matt und angenehm; wir werden auf die Détails noch genau zurückkommen müssen.

Von den Miniaturen wird für uns besonders die auf dem Boëtiusdiptychon von höchstem Interesse werden; doch behalten wir uns die genaueste Schilderung gleichfalls vor und gehen sofort zu unserm Hauptteil über.

---

[3]) De Rossi R. S. I. p. 169. 278 f. tab. VI. VII.
[4]) ibid. III. tab. I.I. Garr. II. t. 85. 1.
[5]) Garr. II. t. 101 f. Vgl. die schöne Aquarellcopie eines dieser Bilder im christlichen Museum zu Berlin.

Zweiter Abschnitt.

Die christliche Kunst unter Gregor dem Grossen.

§ 5.

Allgemeinstes.

Zwischen die beiden geschilderten Epochen nun müssen wir Gregors Zeit einschieben. Es erhellt aus den Vorarbeiten, dass, wenn wir selbst aus Gregors Ära nichts mehr erhalten hätten, sondern nur schliessen könnten, dass unter ihm christliche Künstler thätig gewesen sind, wir dennoch auf ihre Ideen, ihren Stil, ihr Colorit Schlüsse machen dürften. Wir werden von vornherein annehmen müssen, dass Medaillondarstellungen vorkamen, dass ihre sämmtlichen Figuren en face gemalt waren, dass die Typen des Herrn und der beiden Hauptapostel den bekannten Typen der Mosaikgemälde entsprochen haben werden, dass die Composition und die einzelnen Formen eine gewisse Steifheit, die Proportionen ein gewisses Ceremoniell gezeigt haben werden, und alle diese Schlüsse haben für uns den grössten Wert, da wir, wie schon erwähnt, kaum ein einziges Denkmal mit Sicherheit dieser Epoche zuschreiben können. Sollten sich indess Beschreibungen solcher Monumente von Augenzeugen finden, — und dies ist der Fall, — so wird uns nach unseren Betrachtungen der Vor- und Nachepoche eine Reconstruction derselben weniger Schwierigkeiten bereiten. Wir gehen nun auf die einzelnen Zweige der christlichen Kunst ein.

A. DIE MALEREI.

§. 6.
a.) Die Mosaikkunst.

Mosaikgemälde sind uns aus Gregors Zeit nicht erhalten geblieben.[1]) Wenn wir ihm auch gern, wie seinen Vorgängern und Nachfolgern, ähnliche Darstellungen zuschreiben möchten, wie in St. Cosma e Damiano, wenn wir auch sämtliche Resultate aus den vorigen Paragraphen auf seine Epoche anwenden möchten, bei dem absoluten Mangel an jeglichem Material und den spärlichen Zeugnissen müssen wir vollständig darauf verzichten.

Dass die bei Johannes Diaconus (s. u.) geschilderten Gemälde seiner Epoche keine Mosaiken gewesen sind, werden wir im folgenden nachzuweisen versuchen.

§. 7.
b.) Die Fresken.

In dem Zweige der Frescomalerei unter Gregor dem Grossen haben wir mehr Glück als bei den Mosaiken. Können wir auch kein vorhandenes Gemälde mit Sicherheit seinen Tagen zuschreiben, so besitzen wir doch eine so genaue Beschreibung dreier auf seinen Befehl hergestellter Gemälde in Johannes Diaconus vita St. Gregorii Magni L. 4. c. 83 ff., dass wir im folgenden den Versuch wagen, dieselben zu reconstruieren. Wir werden hierzu eine genaue Revision des Textes, eine specielle Exegese aller wichtigen Stellen, endlich die Heranziehung vieler Monumente vollziehen müssen, um diese Aufgabe lösen zu können. Was wir dadurch zu erreichen hoffen, sind Bilder, die den auf Befehl eines der bedeutendsten Päpste angefertigten, leider verloren gegangenen, unserem

---
[1]) Papst Hadrian in e. Briefe an Karl d. Grossen berichtet, Gregor habe sich in seinem Kloster im Oratorium „diversum historiis" malen lassen, „atque sacras ibidem direxit imagines." Ebenso habe er die Kirche der Arianer mit Mosaiken und Fresken schmücken lassen. (cf. Baronius Ann. XI. p. 58.)

Autor aber noch wohlbekannten Originalen annähernd
entsprechen. Zuvor aber geben wir einige Notizen über
den Mann, welchem wir diese Beschreibung der Gemälde verdanken.

§. 8.
Johannes Diaconus.

Johannes Diaconus, der sich selbst »den letzten der
Leviten«[1]) nennt und den Beinamen »Hymonides« führte,
lebte im neunten Jahrhundert als Mönch von Monte Cassino. Als Diaconen der römischen Kirche forderte ihn
im Jahre 872 Papst Johannes VIII. auf, eine Lebensbeschreibung des grossen Gregor abzufassen. Nachdem
sich der Diacon hierzu die genauesten Auszüge aus
Gregors Briefen gemacht und die römischen Archive aufs
eingehendste studiert hatte, überreichte er schliesslich dem
heiligen Vater vier Bücher der vita St. Gregorii Magni.
Der glänzende Erfolg dieser Schrift reizte ihn zur Abfassung einer Geschichte der gesamten Kirche. Da er
selbst der griechischen Sprache nicht mächtig war, bewegte
er den Bibliothekar Anastasius, ihm verschiedene Werke
jener Sprache ins Lateinische zu übertragen, und dieser
übersetzte auch in den Jahren 873 und 875 die Schriften
des Theophanes, Gregorius Syncellus und Nicephorus
und schickte sie ihm zu.

Trotzdem scheint Johannes sein Vorhaben nicht
ausgeführt zu haben, wenn man nicht, wie es einige thun,
in den historica miscella des Paulus Diaconus jene Kirchengeschichte sehen will.[2]) Doch ist die Entscheidung
dieser Frage für uns gleichgültig, ebenso wie jene, ob es
unser Johannes Diaconus gewesen sei, der den Brief an
Senarius geschrieben hat.[3]) Aber nicht nur mit histo-

---

[1]) cf. prooemium in vitam St. Gregorii.
[2]) Wetzer und Welte l. c. B. VI. p. 1651 f.
[3]) So Mabillon und Martenius, (de antiqu. Eccles. ritib. l. I.
c. 1.) dagegen Muratori, (de reb. liturg. dissert. c 3 p. 32.)
der mit Recht fragt, ob es denn in der römischen Kirche nur einen
J. D. gegeben habe. cf. Migne l. c. 59. p. 397.

rischen Arbeiten finden wir unsern Autor beschäftigt; er zeigt sich auch als fleissiger Exeget der heiligen Schrift, wofür sein Commentar über den Heptateuch⁴) ein beredtes Zeugnis ablegt. Sein letztes Werk waren die gesta Clementis I papae martyris, die er auf des Bischofs Gauderich von Velletri Anregung hin zu verfassen begann. Allein schon vor dem Abschluss dieser Arbeit ereilte ihn der Tod im Jahre 882.

§ 9.
Der Text und seine Varianten.

Wir gehen nunmehr zum Texte selbst über, indem wir die Lesart folgen lassen, für welche wir uns selbst entschieden haben, und die abweichenden, von uns verworfenen Lesarten in die Anmerkungen setzen.

83. ›In cuius¹) venerabilis monasterii atrio iussu Gregorii iuxta nymphium duae iconiae²) veterrimae artificialiter depictae usque hactenus videntur. In quarum altera beatus Petrus apostolus³) sedens conspicitur⁴) stantem Gordianum regionarium videlicet patrem Gregorii manu dextra per dextram nihilominus suscepisse. Cuius Gordiani habitus castanei coloris planeta est⁵), sub planeta dalmatica, in pedibus caligas habens, statura longa, facies deducta, virides oculi, barba modica, capilli condensi, vultus gravis.

In altera vero mater Gregorii sedens depicta est Silvia, candido velamine a dextro humero taliter contra sinistrum⁶) revoluto contecta, ut sub eo manus tanquam de planeta subducat, et circa pectus sub gula inferior tunica

---

⁴) Nat.-Bibliothek zu Paris.
¹) Baronius l. c. XI p. 55. liest „eius", wohl weil bei ihm. diese 3 Cap. einzeln wiedergegeben.
²) Bar. iconae.
³) Bar. apostolus Petrus.
⁴) Bar. addit eumque.
⁵) Bar. addit et.
⁶) So Bar. Andere: sinistram, scilicet: manum oder partem.

pseudolactini [7]) coloris appareat, quae magno sinuamine super pedes defluat, duabus zonis ad similitudinem dalmaticarum, sed latioribus omnino distincta, statura plena, facies rotunda quidem et candida, sed senio iam rugosa, quam ipsa quoque senectus pulcherrimam fuisse significat; oculis glaucis et grandibus, superciliis modicis, labellis venustis, vultu hilaris, ferens in capite matronalem mitram candentis brandei [8]) raritate niblatam [9]) duobus dextrae digitis signaculo crucis se munire velle praetendens, in sinistra vero patens psalterium retinens, in quo hoc scriptum est: »Vivit [10]) anima mea et et laudabit te, et iudicia [11]) tua adiuvabunt me«. A dextro vero cubitu usque ad sinistrum circa scapulas versus ascendens reflectitur, qui ita se habet: »Gregorius Silviae matri fecit«.

84. Sed et in absidicula [12]) post fratrem [13]) cellarium Gregorius eiusdem artificis [14]) magisterio in rota gypsea [15]) pictus ostenditur, statura iusta et bene formata, facie de paternae faciei longitudine et maternae [16]) rotunditate ita medie temperata, ut cum rotunditate quadam decentissime videatur esse deducta, barba paterno more subfulva et modica, ita calvaster, ut in medio frontis [17]) gemellos cincinnos rarusculos habeat et dextrorsum reflexos, corona rotunda et spaciosa, capillo subnigro et decenter intorto [18]), sub auriculae

---

[7]) Bar. pseudolactinei.

[8]) Bigot. und Utic. prandei.

[9]) So nach Angelus Rocca alle codices. Utic. **raritatibus** latam. Mabill. nimbatam. Baron. am Rand: * umblatam.

[10]) Bar. vivet, wie in der Vulgata. Aber warum lesen andere, die auch die Vulg. kannten, nicht vivet, wenn nicht vivit in den Mscrpt. stünde?

[11]) Gregorovius: indicia.

[12]) Migne. absidula.

[13]) Bar. und Migne: fratrum!

[14]) Gussanv. und S. Greg. Pap. I. Opera (cf. § 1, No. 36): aurificis.

[15]) Bar. gypsica.

[16]) So Bar. und Migne. Andere: materna.

[17]) So Migne. Al: fronte!

[18]) falsch Bar: in torto.

medium propendente, fronte speciosa, elatis et longis, sed [19])
exilibus superciliis, oculis pupilla fulvis [20], non quidem
magnis, sed patulis, subocularibus plenis, naso a radice
vergentium [21]) superciliorum [22]) subtiliter directo, circa medium latiore, deinde paulum [23]) recurvo et in extremo patulis
naribus praeminente [24]), ore rubeo [25]), crassis et subdividuis
labiis, genis compositis, mento a confinio maxillarum deci-
biliter [26]) prominente, colore aquilino et vivido [27]), nondum
sicut ei [28]) postea contigit cardiaco, vultu mitis [29]), manibus
pulchris, teretibus digitis et habilibus ad scribendum.
Praeterea planeta super dalmaticam castanea [30]), evangelium
in sinistra, modus crucis in dextra, pallio mediocri a dextro videlicet humero sub pectore super [31]) stomachum
circulatim deducto, deinde sursum per sinistrum humerum
post tergum deposito, cuius pars altera super eundem
humerum veniens propria rectitudine, non per medium
corporis, sed ex latere pendet; circa verticem vero tabulae
similitudinem, quod viventis insigne est, praeferens, non
coronam. Ex quo manifestissime declaratur, quia Gregorius, dum adhuc viveret [32]), suam similitudinem de-

---

[19]) Bar. et.
[20]) So Mabill., Gussanv. Dageg. Mscr., Bollandus, Bar., Migne: furvis.
[21]) Bar. tilgt: vergentium.
[22]) In Reg. Germ., Bigot. und Utic.: ciliorum.
[23]) Bar. paulo. Migne: paululum.
[24]) Migne. prominente.
[25]) Bar. rubro.
[26]) Bar. decebiliter.
[27]) So Mscr., Bollandus, Vatic., Migne, Bar. Andere: livido. (Hadrianus Valesius, der vor „et livido" ein Comma setzt und diese Worte mit „nondum" verbindet.
[28]) Bar. tilgt: ei.
[29]) Bar. miti.
[30]) Bar. falsch: castaneani.
[31]) Bar. supra.
[32]) Migne adviveret.

pingi salubriter voluit, in qua[33]) posset a suis monachis non pro elationis gloria, sed pro cognitae districtionis cautela frequentius intueri. Ubi huius modi distichon ipse dictavit:
»Christe potens domine, nostri largitor honoris,
Indultum officium solita pietate guberna.«

Warum wir gerade diese Lesart angenommen haben, wird im folgenden Paragraphen noch einzeln erläutert werden. Jetzt wollen wir noch den Text des 85. Capitels hinzufügen, wie wir ihn gelesen haben, weil sich in ihm einige wichtige Momente für die Reconstruction jener Gemälde finden.

85. »Ibi[34])etiam[35])tempore[36]) Petri archidiaconi et Joannis oeconomi [37]) Saturninus monachus dextra laevaque Gregorii beati [38]) effigies sanctorum Apostolorum, quemadmodum modo videntur, depinxit. Quo scilicet loco nonnumquam divinitus candela succenditur, et in eiusdem similitudinis effigie pro regimine sui monasterii saepe beatus Gregorius praesentatur.«

§ 10.
Specielle Exegese des Textes.

1. In cuius venerabilis monasterii atrio, das Kloster des heiligen Andreas zu Rom, cf. A. Rocca, observationes bei Migne 75, p. 464[1]) und unseren § 12a.

2. iussu Gregorii. Nicht nur diese beiden Gemälde, sondern auch das Portrait des Papstes selbst, wie

[33]) Bar. quo.
[34]) Bar. und Migne: ubi.
[35]) Migne und andere: iam.
[36]) Bar. tempore iam.
[37]) Migne: hegumeni. So Mscr., dagegen die Ausgaben: oeconomi. Hierzu Migne: „Fortasse cum S. Andreae monasterium Graecis monachis cessisset, qui tunc ipsi praeerat nomine Graeco dicebatur ἡγούμενος hoc est praeses, praefectus monasterii. Infra c. 88 liquet hunc hegumenum seu oeconomum, ut habent Excusi, monasterio praefuisse.
[38]) Baron und Migne: beati Gregorii.
[1]) Überall, wo wir Rocca anführen, ist diese Publication gemeint.

wir nachher sehen werden, ist auf seinen Befehl gemalt worden (s. u. 31).

3. iuxta nymphium. n. | dass. wie nymphaeum (νυμφαιον) und cantharus. cf. Kraus R. E. I. p. 122. Du Cange l. c. 4. p. 665. iuxta. | Die Bilder waren rechts und links vom Nymphium an den Wänden der Säulenhallen des Atriums angebracht.

4. duae iconiae — videntur. iconiae. | oder, wie Bar. liest, iconae, a. d. Gr. εἰκών, dass. was imago, cf. Gregor. Turon. lib. I. Miracul. c. 22 etc. veterrimae. | Fast drei Jahrhunderte waren seit Gregors Zeit bis auf unseren Autor vergangen. artificialiter depictae. | Der Name des Künstlers ist uns nicht aufbehalten worden, weil er dem Diaconen selbst unbekannt gewesen zu sein scheint; denn wenn Johannes Diaconus in Capitel 85 den Namen des Mönches Saturninus erwähnt, der doch nur eine Ergänzung zum Bilde Gregors gefügt, warum sollte er den viel wichtigeren Namen unseres Malers mit Stillschweigen übergangen haben, wenn er ihm bekannt gewesen wäre? usque hactenus videntur | d. h. bis zum neunten Jahrhundert.

5. in quarum altera — suscepisse. altera. | Über die Lage der Bilder s. o. 3. iuxta. beatus Petrus. | Der Petrustypus ist wohl den Lesern des J. D. so bekannt, dass der Autor über den Apostel nichts weiter zu sagen brauchte, als dass er sitzend dargestellt sei. stantem Gordianum regionarium. | Über Gregors Vater Gordianus cf. J. D. l. c. Lib. 1, c. 1. 5. regionarium. | Über die Regionare sagt Papias: »sunt a pontificibus constituti in schola notariorum et subdiaconorum, quos licebat per absentiam pontificis in conventu sedere clericorum et ceteros habere honores.« cf. Honorius I. PP. Epist. 2, Gregor. Magn. Lib. VIII. Epist. 14. Lib. I. Epist. 18. Lib. IX. Epist. 11. Baronius l. c. XI$_{86}$. Wetzer und Welte l. c. III. p. 1663.

6. cuius Gordiani — planeta est habitus. |
= vestimentum. castanei coloris. | castaneus (Virgil und Plinius) das, was von der Kastanie gesagt wird, also color: kastanienbraun, dunkelbraun. planeta. | Auch sonst bei Joh. Diac. bekannt, (Vita S. Greg. l. 2, c. 43.) wird genauer im folgenden Paragraphen beschrieben werden[1]).
7. sub planeta - caligas habens. dalmatica. | cf. den folgenden Paragraphen. caligas. | Der Stiefel, einst die militärische Fussbekleidung, (cf. Marquardt l. c.) war auch später den Mönchen und andern eigen. (cf. Du Cange und Forcellini l. c. unter »caliga«). Zu unserer Stelle sagt Baronius: (XI. 56) »Sed et quod caligas habuisse in pedibus Gordiani imaginem dicit, utique et hoc ipsum ad ornatum Romanae ecclesiae diaconi pertinet. Erat enim diaconis Romanae ecclesiae eiusmodi ornamentum, quod interdum pro magno privilegio concedi solitum alicuius nobilis ecclesiae diaconis superius dictum est ex ipsius S. Gregorii epistola ad Joannem Episcopum Syracusanum, ubi agit de calceis compaginatis.« Hiergegen behauptet Angelus Rocca, dass unter c. nichts weiter, als Sandalen zu verstehen seien. Es heisst bei ihm: »Non enim vero adsimile est, ut per caligas tibiarum tegumentum intelligi queat, quia huius generis tegumentum in pictura nec fieri, nec videri potest ob vestem ad pedes usque demissam.« Auch sieht er in der Nichterwähnung der Fussbekleidung Gregors eine Vergesslichkeit des Diaconen. Hierüber wird noch unten gehandelt werden, wo wir zu zeigen gedenken, dass dies nichts weniger als eine Vergesslichkeit gewesen ist. Auch ist die bei Rocca angeführte Vulgatastelle, wo Hieronymus σανδαλια mit »caligae« wiedergegeben, für Roccas Ansicht absolut unmassgeblich, denn gerade aus einer Hieronymusstelle, (ep. 117, n. 7 ad mat. et fil.) wo es heisst: »Caliga quoque ambu-

---

[1]) Sie hat sich aus der kurzen Paenula entwickelt, wie sie die Hirten tragen (Garr. 304$_4$, 324$_4$, 357$_4$, 366$_1$) und war ursprünglich nicht den Priestern eigen. cf. Kraus R. E. II. (Kleidung).

lantis nigella ac nitens stridore ad se iuvenes vocat, folgt, dass c. eine schwarz-glänzende, lederne, wie unsere modernen Stiefel knarrende Fussbekleidung gewesen sei. (Das Knarren des Leders ist auch Hier. ep. 54 n. 7 erwähnt). Ausserdem spricht aber evident für die Annahme einer unseren Stiefeln analogen Form die Stelle bei Cassian 1. Instit. 10., wo die c. die Mönche gegen Frühfrost und Mittagshitze schützen soll, also nicht eine blosse mit Riemen versehene Ledersohle sein kann; ebenso eine ähnliche Stelle bei Venant. Vita S. German. 35. Weiteres § 11.

8. statura longa—vultus gravis. deducta. | = länglich. barba modica. | Die Farbe des Bartes erfahren wir weiter unten, wo Joh. Diac. von Gregors Barte sagt: »barba paterno more subfulva et modica.« cf. 20.

9. in altera vero mater - Silvia. in altera. | cf. 3. iuxta. Silvia. | cf. J. D. V. S. G. M. l. 1. c. 1 etc.

10. candido velamine — de planeta subducat. velamine. | cf. Vulgata 2. Cor. 3_{15} f. 1. Cor. 11_{15}. Num. $4_{6.14}$. 2. Reg. 17_{19}. Über das velamen = velum, das die gottgeweihten Jungfrauen nahmen, cf. Gelas. Pap. ep. 14. n. 12. Auch Bräute legten den Schleier an. Ambros. ep. 19. (tom. II p. 844)[1]. Tertull. de virg. veland. 11[2]. ut sub eo manus -- subducat | s. u. § 11.

11. et circa pectus — defluat circa pectus -- appareat. | an der Stelle nämlich, wo das velamen die Öffnung für das Haupt zeigt. cf. § 11. | pseudolactini coloris. | ps. ist nach Analogie von pseudoflavus (bei Marcell. Empiricus) etwas dunkler

---

[1] „Nam cum ipsum coniugium velamen sacerdotali et benedictione sanctificari oporteat, quomodo potest coniugium dici, ubi non est fidei concordia?"

[2] „. . . sine dubio ab ea aetate lex velaminis operabitur, a qua potuerunt filiae hominum . . . . nuptias pati." „Atquin etiam apud ethnicos velatae ad virum ducuntur."

als lactineus. Du Cange l. c. V. 502 giebt es richtig mit subalbus, subcandidus, cinericius, griech. λευκοφαιον, in seiner Sprache »gris« wieder⁴). Ähnlich Rocca, der diese Farbe aus Weiss und Schwarz gemischt sein lässt und sie bezeichnet mit: »cinericius, falsus albus, i. e. exalbidus, albedinem quodam modo imitans.« m a g n o s i n u a m i n e. | s. ist (Du Cange) eine windungsreiche Bewegung (motus flexuosus). Folgen wir dieser Bedeutung, so will uns Joh. Diac. hierdurch aufs anschaulichste schildern, dass grosse Falten und Bausche auf der Untertunica erschienen, was auch durch die Wahl des Wortes: »defluat« erhellt.

12. d u a b u s z o n i s — d i s t i n c t a. z o n i s. | z., an anderen Stellen dass. w. cingulum als priesterliches Gewandstück, scheint hier ein Zeugstreifen zu sein, der auf die Tunica aufgenäht war, sodass die beiden z. von den Schultern in derselben Weise zu den Füssen herabliefen, wie die beiden clavi der Dalmatiken, wesshalb Joh. Diac. auch hinzufügt a d s i m i l i t u d i n e m dalmaticarum, und diese z. von den clavi nur dadurch unterscheidet, dass er sagt, sie seien breiter gewesen. Über diese Bedeutung von z. schweigt Du Cange. d i s t i n c t a. | zu tunica inferior. d. ist hier aber nicht == seiunctus, separatus, sondern, wie es sich oft bei den besten Schriftstellern findet, == exornatus, ausgeschmückt. Rocca sagt gegen diese Auslegung unserer ganzen Stelle: »z. fasciolae quaedam vestium muliebrum extremitatem circumquaque ambientes, et ad ornatum elaboratae. Una enim zona infra alteram quodam intervallo et ornatum, et distinctionem vestis quamdam reddit, ita vero, ut de tunica instar duarum dalmaticarum esse videantur, nam dalmatica in extremitate pro ornatu habet limbum quemdam, quo fasciola sive zona ipse, de qua est sermo apud Joh. Diac., est paulo latior, ut ipsemet affirmat.« Hierzu wollen wir aber doch bemerken, dass — abgesehen von den Monumenten —

---

⁴) Falsch Baxmann l. c. „milchartig."

Joh. Diac. eben nicht ›duarum dalmaticarum,‹ sondern nur ›dalmaticarum‹ geschrieben hat.

13. statura plena - hilaris. Aus der Beschreibung dieses Gemäldes sowohl, als der beiden andern, folgt, dass die Figuren nach Art jener Zeit en face gemalt waren. cf. §. 3. oculis glaucis. | g., von Augen gesagt, ist heller, glänzender, als caeruleus, ins Graue fallend. Ungenau Baxmann l. c. ›blau.‹ superciliis modicis. | m. das Gegenteil von condensus.

14. ferens in capite — niblatam. mitram. | Obgleich Optatus von Mileve das Wort m. und velum promiscue gebraucht, (cf. Wilpert, d. gottgew. Jungfr. p. 17 f.) so erhellt doch aus unserer Stelle, wo erst vom velamen die Rede ist, dann von der übrigen Kleidung und vom Antlitz der Silvia, dann erst die Worte folgen : ›ferens in capite matronalem mitram‹, zur Evidenz, dass der Diacon zwei verschiedene Kleidungsstücke meint, also die m. vom velamen unterscheidet. Dies wird besonders durch eine Isidorstelle (De eccles. offic. l. 2. c. 18) bestätigt, wo beide Gewandstücke ausdrücklich neben einander vorkommen.[5]) Besonders wichtig sind für uns diejenigen Stellen der Kirchenväter, wo etwas über die Form der mitra gesagt ist. So lesen wir bei Tertull. de virg. vel. c. 17. »m. et lanis quaedam non velant caput, sed conligant, a fronte quidem protectae, qua propria autem caput est, nudae.« Hieraus ergiebt sich, dass die m. eine Kopfbedeckung gewesen sei, die zwar in der Regel nicht die ganze Stirn bedeckte, was Tertullian als Modenarrheit rügt, aber doch den oberen Teil der Stirn und den Scheitel verhüllte. Auch an unserer Stelle ist die m. soweit in die Stirn gerückt, dass das Haar der Silvia

---

[5]) Erwähnung findet die m. noch an folgenden Stellen der alten Litteratur: Isidor Etymologic. l. 19. c. 31. Caecil. Cypr. III. v. 44. Cypr. Gall. de Jona Proph. v 43 etc.

nicht sichtbar war; sonst hätte es der Diacon, der das Haar des Gordian und Gregor genau beschreibt, sicher erwähnt. Über die Bänder der m. cf. Annal. Benedict. tom. 4., wo sie »redimicula« und Lucret. l. 4, wo sie »anademata« genannt werden.⁶) Die m. war ursprünglich eine spezifisch weibliche Kopfbedeckung, und es galt als weichlich, wenn sie von Männern getragen wurde. (Virgil Aen. IV: »Maeonia m.«) Im Orient zuerst gebraucht, wurde sie im Westen zunächst von Dirnen und Modenarren getragen, dann allgemeiner Schmuck der Matronen und Jungfrauen.⁷)

Was ihren Stoff und ihre Farbe betrifft, so erwähnt Plinius (35₁.) »buntfarbige m.,« unsere Stelle spricht von einer »weissseidenen«, Hieronymus (ep. 10.₈₃.) nennt »crispantes m.« Sehr passend scheint uns Rocca ihre Form aufgefasst zu haben, der sie als eine aus Leinwand oder Seide gefertigte turbanartige Binde kennzeichnet. Näheres im folgenden §. Diese genaue Auseinandersetzung war nötig, da Du Cange über die m. matronalis schweigt und Kraus R. E. nur sehr dürftiges giebt.

brandei. | Ohne Recht lesen Bigot. und Utic. prandei, während unsere Lesart durch die Mscr. bezeugt wird. b. bezeichnet hier eine Art von Seidentuch, obgleich natürlich nicht zu beweisen ist, dass es mit unserer Seide identisch war. Rocca sagt: »b. erat sudariolum album seu velum lineum, vel sericum.«

niblatam. | Utic. liest wohl ohne genügenden Grund »raritatibus latam.« Mabillon will »nimbatam« lesen und bezeichnet diesen »nimbus« als »fasciola transversa ex auro assuta linteo in fronte feminarum.« Richtiger scheint uns die Interpretation von Du Cange: (V. 591.) »Ugutio et ex eo Joannes de Janua nibulatum vel niblatum a nive duxit, ut ea vox idem sit, quod splendidus,« sodass wir es also durch »schneeweiss glänzend« wiedergeben

---
⁶) Virgil Aeneis IX: „Et habent redimicula mitrae.
⁷) Lib. Sacram. col. 441 f. nota 613.

können. Rocca hält u. für barbarisch-vulgär und sagt, es stehe für »distinctus« oder »nubilatus,« d. h. so zart und fein wie Wolken, sodass es von der Feinheit und Dünnheit des Seidenstoffes gesagt wäre. Aber wie hätte der Maler die Feinheit des Gewebes — denn so fasst Rocca auch das Wort »raritas« — auf seinem Bilde ausdrücken sollen? Daher glauben wir, dass »raritas candentis brandei« für »rare candens brandeum« steht, sodass »rarum« nicht von b., sondern von c. gesagt wird, »ein Seidentuch von selten weissem Glanze.«

15. **duobus--praetendens. signaculum.** | s. ist hier nicht ein Bild, eine Nachbildung eines Kreuzes, sondern jener Gestus, bei dem der Zeige- und Mittelfinger ausgestreckt werden, während die übrige Hand geschlossen bleibt. Joh. Diac. hat vielleicht hiermit den bekannten Redegestus der Denkmäler verwechselt. s. u. §. 11.

16. **in sinistra — adiuvabunt me. psalterium.** ps. nicht, wie bisweilen, ein beliebiges Buch, sondern ein Buch mit den Psalmen Davids, aus dem auch ein Vers zitiert wird. **vivit--me.** | vgl. wörtlich Vulgata, liber psalm. 118. Thav. Zu vivit statt vivet s. o. §. 9. Anm. 10. Gregorovius Lesart »indicia« ein Schreibfehler.

17. **sed et in absidicula — cellarium. absidicula.** | a. = kleine Apsis. cf. De Rossi R. S. II. tav. 6. A. Rocca: »in parva quadam abside, quam fornicis curvaturam appellamus.« **post fratrem cellarium.** | wohl dass. w. post cellam fratris cellarii. Der f. c. hat für Speise und Trank zu sorgen und ist Vorsteher des Weinkellers. (cf. Cypr. in Vit. S. Hilar. Ar.) Ich weiss nicht, warum Migne und Bar. »fratrum« lesen.

18. **Gregorius — pictus ostenditur. artificis.** | Über die Lesart »aurificis« und die Bedeutung dieser Stelle cf. §. 12. **magisterium.** dass. w. artificium. cf. Du Cange. l. c. **rota gypsea.** | r. ist

eine kreisrunde Scheibe, die hier der Hintergrund des Gregorsbildes auf der kleinen Apsis gewesen sein muss. Rocca: »intra rotam gypseam, arte scilicet plastica constructam, pictus fuit.« g.*) = aus Gyps gemacht, das Material der Bildfläche bezeichnend.

19. statura — deducta. iusta. | = proportioniert, ebenmässig gebaut, die Mitte zwischen den hageren Formen des Vaters und den vollen der Mutter. de paternae faciei — rotunditate. | s. o. 13.) Die Lesart maternae scheint uns nach Analogie von paternae besser, als materna. deducta. | s. o. 8.)

20. barba paterno more - modica. subfulvus. | s. nach Analogie von subflavus, subfuscus, eine etwas dunklere Nuance, als fulvus, also etwa rotbraun, dunkelrötlich, eisenrot.

21. ita calvaster - reflexos. calvaster. | c., obschon nicht klassisch, von Du Cange übergangen. Aus Forcellini l. c. II. p. 40 folgt, dass es = »aliquantum calvus« sei. cf. Dio I. 67. c. 11 etc. Die Endung — aster schwächt die Totalität einer Sache etwas ab. gemellos cincinnos. | = gekräuselte, geringelte Locken. rarusculos. | r., obschon nicht klassisch, von Du C. und Forcell. verschwiegen. Etwa: spärlich dünn.

22. corona rotunda — speciosa. corona. | c. ist die Tonsur der Cleriker. subniger. | schwärzlich cf. 20.) auricula. | a. ist wohl hier, wie auch mehrfach, = auris, denn die Mitte des Ohrläppchens wäre eine zu kleine Stelle, um als Ortsbestimmung für das überhangende Haar (capillum propendens) dienen zu können. cf. Auct. ad Herenn. 4.$_{10}$. Martial. 3.$_{28}$. Lucret. 4.$_{805}$. Pers. 2.$_{79}$. Horat. 1. Sat. 9.$_{20}$. Suet. Vit. Pers. et. Pers. 1.$_{121}$.

23. elatis et longis — plenis. oculis pupilla fulvis. | Ich lese mit Mabill., Gussanv. u. a.

---

*) Du Cange schweigt über unsere Stelle und erwähnt gypsum a. o. O. als durchsichtiges Mineral, Marienglas, das zu Fenstern verwendet wurde. (III. 603.)

›fulvis‹, nicht, wie Bolland. und Migne wollen, ›furvis.‹ Denn wenn einerseits p. unser Wort ›Pupille‹ bedeutete, so wäre es überflüssig, sie furvus = schwarz zu nennen, da ausser den Albinos alle Menschen schwarze Pupillen haben. Nehmen wir es aber von der Regenbogenhaut des Auges, so passt hierzu furvus erst recht nicht, denn es giebt keinen Menschen mit schwarzer Iris. Es bedeutet also wohl: ›mit bräunlicher Regenbogenhaut.‹ s u b o c u l a r e. | = der aderreiche Teil unter dem Auge, griechisch ὑπώπιον. p l e n u s. | Rocca: = turgidulus.

24. n a s o   a   r a d i c e — p r a e m i n e n t e. a   r a d i c e — s u p e r c i l i o r u m. | Die sich gegeneinander neigenden Augenbrauen waren wohl zusammengewachsen, da nur von ›radice,‹ nicht ›radicibus‹ die Rede ist. Die Lesart ›ciliorum‹ irrelevant, da c. = s. ist. | Die Form der Nase war also gekrümmt in der Mitte, dann etwas vorn über geneigt, also eine Geiernase.

25. o r e   r u b e o — p r o m i n e n t e. o r e   r u b e o. | o. r. das Zeichen eines gesunden Menschen. s. u. s u b d i v i d u u s. | wieder bei D. C. fehlend. Nach Analogie von subniger, ›nicht ganz schwarz, schwärzlich,‹ (s. o.) werden wir es mit ›nicht ganz offen,‹ ›leichtgeöffnet‹ wiedergeben können. Vorzüglich Rocca: ›subdividua labia, aliquantillum videlicet (ut ita dicam) ab invicem separata,‹ g e n i s   c o m p o s i t i s. | ›mit tüchtigen, ordentlichen, kräftigen Wangen‹, c o n f i n i u m   m a x i l l a r u m. | = die Stelle, wo die Kinnbacken zusammenstossen und das Kinn ansetzt, das bei Gregor kräftig vorragte.

26. c o l o r e   a q u i l i n o   e t   v i v i d o,   n o n d u m   s i c u t   e i   p o s t e a   c o n t i g i t   c a r d i a c o. | Über die richtige Deutung und Lesart dieser Worte herrscht unter den Gelehrten die grösste Meinungsverschiedenheit. Rocca l. c., der ›livido‹ liest und dies gleichbedeutend mit ›aquilino‹ hält, setzt auch ›cardiacus‹ als eine Farbe, die von dem blassen und gelblichen Aussehen derer, die an ›cardiaca‹ (Magenkrankheit) leiden, abgeleitet sei. Du

Cange ist ihm gefolgt; dagegen sagt schon dessen neuer Herausgeber Henschel, (D C. l. c.) dass sich D. C. durch die falsche Interpunctation jener Stelle habe täuschen lassen, und dass folgendermassen zu lesen sei: »colore aquilino, et — oder besser: at — livido nondum, sicut ei p. c. c,« d. h. »Gregorio, cardiaca laboranti,« so dass also card. nicht von der Farbe, sondern von der Krankheit gesagt wird, deren Zeichen dann die Farbe »lividus,« »blass«, ist. Daher deutet auch unser Herausgeber »aquil.« nicht wie Rocca und D. C., die es = livid. nehmen, sondern als »bräunlich, dunkel.« Denn Joh. Diac. wolle sagen, dass Gregor auf dem Gemälde noch ein kräftiger Mann von blühender Gesundheit gewesen sei und dann erst blass ausgesehen habe, als er an dem bekannten Magenübel gelitten habe. Obgleich auch uns die Deutung von aquil., als von der dunklen Farbe des Adlers abgeleitet, die richtige zu sein scheint, da ja schon vorher von einem roten Munde und tüchtigen Wangen die Rede war, (cf. 25.) so können wir doch keineswegs die vorgeschlagene Interpunktation acceptieren. Denn jeder unbefangene Leser müsste sie für geschraubt, unnatürlich halten und könnte mit Recht fragen, warum denn Joh. Diac. nicht »at« für »et« gesetzt habe, da er doch auch an anderer Stelle Adjectiva von verschiedener Bedeutung mit »sed« verbindet? (s. o. 23. »elatis et longis s e d exilibus superciliis.«) - Mindestens hätte er, wenn er »livid.« im Gegensatz zu »aquil.« haben wollte, »nondum« v o r »livido« stellen müssen. Daher glauben wir, mit Bollandus, den Vatic. Mss., Migne und Baronius statt »liv.« »vivido« lesen zu müssen und die Bedeutung von »aquil.« = »dunkel« beibehaltend, die vorstehenden Worte so interpretieren zu müssen: »von dunkelbrauner und lebhafter Farbe, noch nicht« scil. »von solcher Farbe«, »wie er sie später hatte, als er magenkrank war,« sodass also weder Rocca richtig ausgelegt hat, der »card.« als Farbe nimmt, noch Migne, der trotz seiner richtigen

Lesart doch Roccas Ansicht aufnimmt, noch endlich Henschel, der Rocca widerlegt, dafür aber eine gezwungene Interpunktion setzt.

27. vultu mitis — ad scribendum. manibus. | Der Plural zeigt, dass beide Hände sichtbar waren, nicht, wie oft auf den Monumenten, dass die eine durch die Kleidung verdeckt war. teretibus. | will sagen, dass die Finger länglich rund und zart gewesen seien.

28. praeterea planeta — modus crucis in dextra. planeta castanea. ¦ s. o. 6.) super dalmaticam. | s. o. 7.) Da weder hier, noch oben etwas über die Farbe der d. gesagt ist, so wird sie wohl dem Brauche der Zeit folgend (cf. §. 11.) weiss gewesen sein. evangelium. | ein kirchliches Buch, in dem entweder die 4 Evangelien, oder alle lectiones aus den Ev. enthalten waren.[9]) also e. = evangeliarium ist.[10]) modus crucis in dextra. | Obgleich die Parallele »in sinistra« — »in dextra« an sich betrachtet bei modus crucis, wie bei evangelium, auf einen Gegenstand schliessen lässt, so spricht doch 1.) dagegen, dass »modus cruc.« und nicht nur »crux« dasteht, 2.) aber, dass mod. niemals für einen Gegenstand, sondern nur für die Art und Weise vorkommt. Wir werden uns also für den Gestus zu entscheiden haben. Das einzige Denkmal, was für eine »crux« sprechen könnte, ist die Figur des Maximian in St. Vitale zu Ravenna, wo in der Rechten des Bischofs ein schwarzes mit Gold umrandetes ausladendes lateinisches Kreuz erscheint, ein Kreisornament in seiner Mitte. Allein dies geht vielleicht auf eine specielle Sitte der griechischen Kirche, denn auf den gleichzeitigen römischen Monumenten finden wir nichts derartiges, und das Gregorsdiptychon (cf. §. 13.) kann mit seinem Kreuzstab auch nicht geltend gemacht werden, denn 1.) schwankt seine

---

[9]) Du Cange III. 113. Kraus R. E. I. 455 f.
[10]) Du Cange III. 112.

Datierung, 2.) aber ist Gregors Figur als getreue Copie einer Consulngestalt mit breitem, bartlosem Antlitz und grossen, starren Augen überhaupt für uns gleichgültig. Man gab ihm wohl nur den Kreuzstab, um den Papst von dem scepterhaltenden König David auf der anderen Platte zu unterscheiden. Wir gehen also kaum falsch, wenn wir uns gegen die Ansicht eines wirklichen Kreuzes[11]) für den schon bei der Silvia beschriebenen Gestus entscheiden.

29. pallio mediocri — ex latere pendet. pallio. | Das p. beschreibt Joh. Diac., abgesehen von dem Zusatze mediocri, an unserer Stelle nicht genauer, weil er in demselben Buche der V. S. G. M. schon im 80. cap.[12]) darüber gesprochen hat. Es heisst dort nämlich, nachdem er über die Verehrung der Gewänder des grossen Gregor berichtet: nam in eo, quod pallium eius bysso candente contextum nullis fuisse cernitur acubus perforatum, sic ipsum circa scapulas obvolutum fuisse, non autem confixum dignoscitur, sicuti vetustissimis musis[13]) vel picturis ostenditur. Das Pallium ist nämlich ein schmaler, langer Zeugstreifen, den die Päpste, Patriarchen, Primaten und Metropoliten trugen, und den die Griechen ὠμοφόριον nannten. Nach Durandus lib. 3 ration. cap. 17. n. 13. (cf. auch Migne, 75. p. 467, wo Rocca zitiert ist,) hatte es vier Purpurkreuze und wurde mit drei goldenen Nadeln befestigt. Die Denkmäler dieser Zeit zeigen gewöhnlich am untersten Ende ein schwarzes Kreuzlein, während die andern Kreuze nicht sichtbar sind.

Vergleichen wir dies mit des Diaconen Beschreibung, so finden wir, dass sich Gregors p. von den andern da-

---

[11]) Ihr einziger Vertreter ist Baxmann, Die Pol. d. Päpste p. 51, der modus mit species verwechselt.
[12]) Falsch D. C V. 37. cap. 8!
[13]) al: musivis.

durch unterschieden habe, dass es 1.) aus dem feinsten Byssosstoff gewebt war, (dag. Durandus: de candida lana contextum.«) 2.) keine goldenen Nadeln hatte, also nicht, wie die p. gewöhnlich, auf der planeta befestigt war, sondern von Schulter zu Schulter in der geschilderten Weise führte. Die Frage, ob Kreuze auf dem Pallium waren, wird im folgenden §. als für unsere Reconstruction irrelevant nachgewiesen werden.

30. circa verticem vero — intueri. tabulae — insigne est. | Hierdurch wird ein viereckiger Nimbus bezeichnet, wie er besonders in späteren Zeiten auf den Denkmälern häufig hinter dem Haupte der Stifter und Gründer der Kirchen erscheint, die zur Zeit noch lebten. Gerade diese Form des Nimbus ist uns oft für die Datierung der Monumente wichtig. Genaueres §. 11. corona. | hier natürlich = nimbus. (cf. 22.) cognitae districtionis cautelae. | Hierüber Rocca: »Districtio vel destrictio vox est ab ecclesiasticis scriptoribus frequenter usurpata, et ... severitatem significat ... Hinc ... imaginem suam beatus Gregorius salubriter depingi voluit, ut monachi per ipsam imaginem non pro inani gloria, sed in suam ipsorum salutem cognitam beati Gregorii districtionem, id est arctam vitam in memoriam revocarent, dictamque vitam imitarentur, dum loco ipsius imaginem frequentius intuerentur; intueri autem hoc loco . . . . . . passive sumitur.«

31. ubi huiusmodi distichon — guberna. Nach Analogie der Mosaiken dieser Zeit, die oft mit unterschriebenen Distichen geziert sind, zeigt auch Gregors Bildnis durch seine Verszeilen die Frömmigkeit und Demut des Dichters.

§. 11.
Die Parallelen der Denkmäler.

Wir werden nun im folgenden an der Hand des Textes bei Johannes Diaconus zu zeigen haben, welche

Denkmäler für jeden einzelnen Teil unserer Reconstruction in Betracht kommen. Da wir S. 12 nachzuweisen gedenken, dass unsere Gemälde Fresken waren, so werden natürlich unter den Monumenten die Fresken für uns die erste Rolle spielen müssen. Sollten uns diese jedoch nicht hinreichenden Stoff gewähren, so müssen wir in zweiter Linie auf die Mosaiken eingehen, die als Flächenbilder eine verwandte Darstellungsweise zeigen, sodann auf die Miniaturen. Lassen uns auch diese im Stich, so müssen wir unsere Zuflucht zu den Goldgläsern nehmen, und geben alle diese malerischen Producte uns nicht genügende Anhaltepunkte, so bleiben uns endlich die Werke der Marmor-, Elbenbein- und Metallplastik übrig.

a. Die Figur des Petrus.

Bei der Figur des Petrus lassen uns die Fresken völlig im Stiche. Wir werden also zu den Mosaiken übergehen müssen, und diese liefern uns auch hinreichendes Material. Die bereits erwähnte Petrusfigur von S. Cosma e Damiano ist für uns besonders wichtig, weil sie noch die ursprüngliche, von Überarbeitungen späterer Zeit freie Gestalt zeigt. Über den Typus ist oben hinreichend gesprochen worden. Die Gesichtsfarbe ist bleich, die grossen Augen zeigen tiefe Schatten, das Haar hat weissgraue Farbe, eine Art Wulst umrahmt die Stirn.[1] Die Kleidung besteht aus blassblauer Ärmeltunica mit schwarzen, mattweissgeschlängelten Clavis und einem weissen Pallium. An den Füssen finden sich Sandalen.

Ähnlich ist die Petrusfigur des schon erwähnten Lorenzomosaikes, (De Rossi Mus. III. Garr. IV. 271.) das uns den Apostel Petrus zur Rechten des auf der Weltkugel thronenden Christus zeigt. Die Aureole um das Haupt, die bei S. Cosma e Damiano fehlte, ist gold grundiert und schwarz und weiss umrandet. Die Klei-

---

[1] Wohl eine Andeutung der corona, cf. Kraus, R. E. II. p. 901.

dung ist wieder Tunica mit Clavis und Pallium, diesmal beides weiss, auf dem Pallium eine schwarze, winkelartige Verzierung, callicula.*) An den Füssen sind wieder Sandalen, in der verhüllten Linken hält der Apostel ein langes goldenes lateinisches Kreuz. (cf. auch die Sarcophagdarstellungen Garr. V. 324.₁. 325.₁. 326.₁. (abgebrochen.) 327.₂ 328.₁ (desgl.) 330.₅ 331.₁.₈ 332.₁ 333.₁ 334.₁.₂.₃. (desgl.) 335.₂ (desgl.) ₄ 336. ₁.₄.)

In der Apsis von S. Teodoro in Rom, (De Rossi Mus. 15. 16.) Anfang VII. Jh.,(?) präsentiert Petrus den h. Theodor dem auf der Weltkugel sitzenden Herrn. Typus und Gewänder sind dieselben, wie auf den andern Denkmälern, selbst die callicula fehlt nicht. Die Aureole ist eine schwarze Kreislinie auf Goldgrund, die Rechte hält einen schwarzen Schlüssel. (cf. §. 3. Anm. 11.) In der Apsiswölbung des H. Venantius in Rom (De Rossi l. c. 13. 14. Garr. l. c. 272 f.) beim Baptisterium des Lateran, deren Mosaik unter Johann IV. (640—42) entstanden ist, sehen wir Christus zwischen zwei Engeln, darunter in der Mitte Maria, und zu ihrer Linken Petrus. Die Kleidung ist, wie bisher, nur wird unter der Obertunika am rechten Arm die Untertunika sichtbar; die Aureole ist gold, schwarz-weiss umrandet; die Rechte ist geschlossen an die Brust gehalten, die Linke hält einen Kreuzstab von teils roter, teils schwarzer Farbe, der so lang ist, dass er auf dem Boden aufsteht und über die Schulter hinausreicht.

Wir finden auf den genannten Gemälden also einen gleichen Typus, eine gleiche Gewandung, (Tunica mit Clavis, (calliculis) Pallium,) eine gleiche Fussbekleidung, nur die Attribute wechseln, wenn auch das Kreuz vorherrscht.

---

*) cf. De Rossi Bullett. 2. Serie, anno 4. 1893. p. 19. Bei S. Cosma e. D. ist sie wohl nur ausgefallen, weil dieser Teil des Palliums verdeckt ist, während sie bei Paulus sichtbar ist.

Dieser Thatbestand wird durch die in Rom im 8. und 9. Jhd. entstandenen Mosaiken nicht weiter alteriert, weder durch die unter Paschalis geschaffenen Gemälde von S. Cecilia, (De R. M. 11, 12. Garr. 1. c. 292.) noch von S. Prassede, (De R. 5. 6. 9. 10. Garr. 287,$_2$) noch von S. Marco. (De R. 13. 14. Garr. 294.) Dagegen kommt seit dem Mosaik von S. Cosma e Dam., soweit wir dies constatieren können, kein Beispiel mehr vor, das auf frühere Typen, wie z. B. bei S. Maria Maggiore (Garr. 211.) zurückgeführt werden könnte.

Aus diesen Resultaten dürfen wir wohl annehmen, dass unser Künstler auch diesen Petrustypus zur Darstellung gebracht haben wird, und wir haben somit die älteren römischen Petrustypen auszuscheiden; denn unser Maler wird nicht als einziger die Regel durchbrochen haben.

b. sedens.

Nach des Diakonen Berichte ist Petrus sitzend dargestellt. Da er aber über die Art des Sitzes nichts berichtet, so steht es uns frei, denselben entweder überhaupt nicht sehen zu lassen, wie wir es in S. Pudenziana finden, oder eine möglichst einfache Form zu suchen, die nicht weiter in die Augen fällt. Wir werden, um den Gegensatz zur stehenden Gestalt des Regionars zu verschärfen, das letztere wählen. Die einfachste Form des Sitzes im Contrast zu den kostbaren, edelsteingeschmückten sellae der Mosaiken finden wir als Kathedra (Kraus, R. E. II. 156 f.) auf vielen Catacombenfresken, (Garr. II, 58.$_2$. 75.. 78.$_1$. (cf. hierzu die vorzügliche Abbild. bei Wilpert, die gottg. Jungf. T. I.) 82.$_1$)sowie auf Sarcophagen, (Kathedra der Maria, Garr. V. 358.$_1$, 359.$_1$, 365.$_{1,2}$ 378.$_2$) am besten aber werden wir für unsern Zweck die Zeichnung eines vatikanischen Manuscriptes, No. 5407 p. 82 nach einem Mosaik benutzen können, die Garr. IV. p. 15. t. 209 mitteilt. Wir sehen hier den Apostelfürsten auf einer Kathedra, von der nur zwei glatte Seitenpfosten erscheinen, also die denkbar einfachste und anspruchsloseste Form. Die Farbe wird nach Analogie der Catacombenfresken mattbraun zu geben sein. (cf. §. 2. Anm. 7.)

c. **Planeta.**

Die Planeta, aus der kürzeren Paenula entstanden, ist ein bis auf die Kniee reichendes, geschlossenes, glockenförmiges Gewand ohne Ärmel, das für den Hals eine Öffnung lässt und mit den Händen von unten emporgehoben wurde. (cf. Kraus. R. E. II. 203 f.) Auf dies Emporheben geht auch die Stelle des Joh. Diac. ·ut sub eo manus tanquam de planeta subducat.

Auf den Monumenten ist sie uns sehr häufig erhalten geblieben. In der Form werden wir uns am meisten nach den erwähnten Lucinafresken zu richten haben, wo sie bei sämtlichen vier Heiligen erscheint, von der Rechten emporgehoben wird und den Schlappärmel der Dalmatica erkennen lässt, während die ein Buch haltende Linke durch sie verdeckt wird. Die Farbe ist hier ein mattes Braungelb. Auf das Boëtiusdiptychon, welches sie uns dunkelkastanienbraun zeigt, kommen wir an anderer Stelle genauer zurück.

Auf den Mosaiken findet sie sich sehr häufig. In der Apsis von St. Agnese (De R. M. 4) sehen wir zwei Heilige damit bekleidet. Sie ist hier tief braunviolett. Ferner sind p. bei St. Maximian in S. Vitale zu Ravenna (Garr. IV. 264), S. Apollinaris in S. Apollinare in classe, (ib. 265.₁) ebenda bei S. Ecclesius, Severus, Ursus, Ursicinus, dann in der oben erwähnten Venantiusbasilica bei S. Dominicus, Venantius, Maurus, Septimius, (ib. 272. 273 ₇. ₈. ₁₁. ₁₂.) bei einer späten Copie von S. Apollinare, (ib. 275.₁) wo sie ·tutta fiorita· ist, in der Cathedrale von Parenzo in Istrien (ib. 276.₁) bei S. Eufrasius etc. dargestellt. Wir werden also bei der Zeichnung dieses Gewandes in keinerlei Verlegenheit kommen. Ihre Farbe ist sehr verschieden, carmin, tiefblau, schwarz, Joh. Diac. spricht von kastanienbraunen p., und eine braune Nuance scheint um Gregors Zeit vorgeherrscht zu haben. (St. Agnese, Boëtiusdiptychon.)

d. Dalmatica.

Die d. ist eine tunica manicata mit weiten Schlappärmeln, meist mit zwei clavi geziert.³) Sie kommt stets in der Verbindung mit der Planeta vor, d. h. die P. nie ohne sie, und ist, soweit wir dies constatieren konnten, immer von weisser Farbe. Besonders häufig erscheint ihr linker Schlappärmel, wo die Planeta emporgehoben wird, auf den Denkmälern, auch wird sie am Halse sichtbar, wo die P. eine Öffnung für das Haupt lässt.

e. Caligae.

Nach der oben erwähnten Stelle bei Hieroymus, wo von schwärzlichen, glänzenden caligae der Damen die Rede ist, welche durch ihr Knarren die Jünglinge locken, ferner nach Cassian, (l. Instit. 10) wo die c. die Mönche vor Frost und Hitze schützen sollen, gehen wir wohl nicht falsch, wenn wir weder Sandalen, noch Strümpfe in ihnen vermuten,⁴) sondern eine lederne Fussbekleidung, die mindestens noch die Schienbeine bedeckte. Unsere Denkmäler lassen uns fast alle im Stich, nur in dem Apsismosaik von S. Cosma e Damiano finden wir an den Füssen der beiden medicinischen Titelheiligen eine dunkelbraune, hohe Fussbekleidung, die durch hellere Linien den matten Lederglanz nachahmt. Die Absätze sind nicht sichtbar. Wir dürfen also wohl diese c. für unser Bild verwerten.

f. sedens Silvia.

Da hier bei dem sonst so genau beschriebenen Bilde der S. auch nicht von einem S i t z e gesprochen wird,

---

³) Auch die Schlappärmel sind bisw. geziert, und zwar mit 2 Parallelstreifen, cf. Lucinacrypta, Boëtiusdiptychon.

⁴) cf. Kraus R. E. II. 215, (Kleidung.) wo sie neben den Schuhen als Fussbekleidung der Bischöfe Erwähnung finden.

so dürfen wir wohl annehmen, dass er durch ihre Gewänder verdeckt gewesen sei und ihre Stellung genügte, ihn zu markieren. Analogien sind unter den Monumenten zahlreiche zu finden, cf. z. B. die Catacombenfresken von S. Agnese an der via Nomentana, (Garr. II. 67₁) wo der Herr in sitzender Haltung ohne angedeuteten Sitz erscheint, ebenso von der Catacombe di Trasone a S. Saturnino (ib. 71.₃) etc. Auch die Mosaiken zeigen Beispiele, so die Apsis von S. Pudenziana, (die Jünger!) die Kuppel von S. Prisco bei Capua, (Figur des Äfinus, Sosius, Rufus, Conio) desgleichen die Sarcophage, Garr. V. 310.₄. Maria an der Krippe) 323.₄ (Christus, zu Füssen der Uranus, Pilatus nur mit dem Fussgestell) 341.₁ (Christus ohne jede Andeutung des Sitzes) ₂. (mit Fussgestell) 346.₁ (desgl.).

g. Velamen.

Tertullian giebt uns am Ende seiner Schrift de virg. vel. eine vorzügliche Beschreibung von Schleiern, die Wilpert (die gottg. Jungfr. p. 17 f.) trefflich exegesiert hat. Da uns die Vokabel v. nur eine Kopfbedeckung in Schleierform anzeigt, und wir hierfür nicht ohne weiteres die Monumente herbeiziehen können, da die mannigfaltigen Formen zu sehr fluctuieren, so werden wir zunächst am besten nach Illustrationen zu der tertullianischen Beschreibung unter den Denkmälern zu suchen haben, um diese mit der Diakonusstelle zu combinieren. Tertullian spricht zunächst von Mitren, die statt des Schleiers getragen würden, sodann von kleinen Schleiern, die er linteola nennt, schliesslich verlangt er für die jungen Mädchen einen Schleier, der bis zu den Hüften reiche. Wir sehen hier also von eigentlichen Schleiern zwei Formen, die kurze und die lange, während der ebenda erwähnte Zipfel des Gewandes (fimbria), den sich einige Frauen beim Beten auf den Kopf legten, wohl von der palliola⁵) herrührt. Die kurze Form des Schleiers finden wir auf sehr vielen Catacombenfresken, so z. B. bei den drei Frauen Dionysas, Eliodora und Zoae der cinque santi in der Soterisregion in Callist, (De Rossi R. S. III. tav. I. ff. Garr. II. 15.₂. Perret I. T. 44.) wo der weisse Schleier der Dionysas zwei purpurne Calliculi zeigt, (cf. Wilpert l. c. p. 20) ferner bei einer Orans aus demselben Coemeterium, (Garr. II. 31.₁) bei einer Orans mit Kind aus dem Ostrianum-Coemeterium an der via Nomentana, (De Rossi, Selectae imagines III. Perret II. 5. 6. Kraus R. E. II. p. 364 etc. ⁶)) welche einen durchsichtigen Schleier trägt, der das blaue Gewand durchscheinen lässt, bei der Maria mit dem Kinde aus der Domitillacatacombe, (De Rossi, Sel. im. II. Kraus R. E. II. p. 364. Garr. II. 36.₁) wo der durchsichtige Schleier das gelbe Gewand sehen lässt und mit zwei blauen Calliculi geziert ist. Es ist unnötig, hier noch mehr dieser v. aufzuzählen, da ihre Zahl zu gross ist.

Was nun die lange, mit der palliola leicht zu verwechselnde (vielleicht oft in sie übergehende?) Form betrifft, so findet sie sich sicher auf den Sarkophagen Garr. V. 316.₄ 317.₂ 353.₁.₂ 360.₂ 364.₂ 370.₄ 371.₁ 374.₁ ff. 376.₂ ff. 379.₂. Sie reicht dort meist bis unter die Ellenbogen herab. Die Calliculi hat die Plastik natürlich nicht darstellen können. Auf zwei Sarkophagen nur haben wir Franzen am Schleier finden können, Garr. V. 298.₂ 377.₃. Einen sehr langen Schleier finden

---

⁵) cf. die Catacombenfresken Garr. II. 84. ₁.₂ 99. ₂ 101.₂ und die Sarcophage ib. V. 313.₂ 315.₄ f. 319.₁.₄ 320.₂ 321.₄ (?) 325.₄ 326.₁, meist Darstellungen der Blutflüssigen und der Schwestern des Lazarus am Grabe, wo die palliola gewöhnlich über den Kopf gezogen erscheint.

⁶) Von De Rossi, Kraus etc. für die Madonna gehalten. Dagegen der Portraitierungsversuch des Kopfes und die Schmucksachen.

wir im Caeciliacubiculum, (De Rossi R. S. III. tav. 10., Garr. II. 35.₂) der dort von der Orans, zu beiden Seiten herabfallend, mit beiden Händen erhoben wird, ferner in der Januariuscatacombe, (cf. §. 4 Anm. 5.) wo er, zart weiss gefärbt, vom Haupte ausgehend von der rechten Schulter derartig zur linken Hand herabfällt, dass er wie eine planeta von den Händen emporgehoben wird. Die calliculi sind hier je vier graue kleine Quadrate, während der untere Schleierrand ausgefranzt ist.

Von Mosaiken seien erwähnt die ecclesia ex gentibus und ex circumcisione aus S. Sabina in Rom, (De Rossi Mus. 3. 4. Garr. IV. 210. ₁₋₃) wo die Schleier aus braunem, schwerem Stoffe ähnlich wie eine Planeta, mit den Händen emporgehoben werden und goldene, mit schwarzen Kreuzen gezierte ovale calliculi tragen, ferner die Begleiterinnen der Kaiserin aus S. Apollinare unovo in Ravenna, (Garr. IV. 244.₃) die auf den langen Schleiern auch calliculi in Quadratform und an den Rändern der Schleier Franzen tragen.[7]

h. Tunica Inferior.

Die Untertunica mit eng anschliessenden Ärmeln im Gegensatz zur Dalmatica findet sich ebenso häufig auf den Denkmälern, wie diese. Bei der schon' erwähnten Frauengestalt (g.) der Januariuscatacombe ist sie einfach weiss mit zwei purpurnen Clavis; an den Ärmeln erscheint eine dreifache Purpurborte. Da die zonae = clavi von Joh. Diac. ausdrücklich breiter geschildert sind, als die gewöhnlichen auf den dalmaticae, so werden wir uns nach solchen Denkmälern umzusehen haben, die auffallend breite clavi zeigen. Solche finden sich z. B. in der Petrus-

---

[7] Ausser den Franzen und calliculi finden wir auf dem schönen Catacombengemälde aus S. Priscilla an der via Salaria, das Wilpert ausgezeichnet publiziert hat, (D. gottg. Jungfr. t. 1 p. 61.) auf dem Schleier der mittleren Orans je zwei Purpurstreifen.

und Marcellinuscatacombe, Garr. II. 50.₁ 53.₂ (auf der Photographie deutlicher.) 73.₁

i. Mitra.

Die m., welche wir als turbanartige, mit Bändern versehene Kopfbinde kennen gelernt, kommt auf den Monumenten in den allermannigfaltigsten Formen vor, ohne dass bisher hierüber genügendes publiziert worden wäre. Fast kein Gebiet der Kunst lässt uns hierbei im Stich; die Mosaiken, die Elfenbein- und Silbersculpturen, die Sarcophage, die Miniaturen, selbst die Goldgläser geben uns reiche Ausbeute. Natürlich kann dies Capitel nicht im folgenden erschöpft werden, einige Dutzend Beispiele müssen genügen. Auch sind, da dies Gebiet bisher nicht speciell untersucht worden ist und mir vielfach nur mangelhafte Abbildungen zu Gebote standen, im einzelnen Irrtümer nicht ausgeschlossen.

Die einfachste Form der m. scheint eine sich eng an das Haupt legende schmuklose Haube gewesen zu sein, und zwar soweit wir dies constatieren konnten, von weisser Farbe. Die sehr kleinen Darstellungen aus S. Maria Maggiore, wo sich wiederholt auf dem Haupte der Sarah eine weisse Bedeckung findet, gehören wohl zu dieser Klasse. (De Rossi Mus. 24. 25. Garr. IV. 215.₃ 216.₁. ₂ 217.₁) Ähnlich ist die Kopfbedeckung der Samariterin am Brunnen aus einem Wandmosaik von S. Apollinare nuovo in Ravenna (Garr. l. c. 249.₂) und die der Magd bei Petri Verläugnung auf einem Elfenbeinfragment des brit. Museums. (ibid. VI. 446.₁)

Eine zweite, auch einfache Form gleicht einer glatten Binde, die um den Kopf herumliegt; wir finden sie bei Hiobs Frau auf dem Junius-Bassus-Sarcophage, wo die den Bändern parallel laufende Faltenlinie vielleicht das Band der m. andeutet,*) (Garr. V. 322.₂ Abguss im christl. Mus. zu Berlin.) Ebenso bei derselben Darstellung auf dem Sarcophage Garr. V. 350₂. Auch die Darstellung ibid. 381.₂ gehört wohl hierher.

Diese einfachen Formen kommen oft in Verbindung mit dem Schleier vor, der sie dann zum grossen Teil verdeckt.*) Vielleicht sind die Mitren auf dem Sarcophag Garr. V. 361.₂ und auf dem Goldglase ib. III. 190.₂ völlig vom Schleier verdeckt, da das Haupt mit dem Schleier allein viel zu hoch wäre.

Diese Form variiert dann auf zweifache Weise: Entweder wird sie aus steiferem Stoffe hergestellt und sieht dann wie ein harter Reifen aus, oder sie wird verkleinert zu einem turbanartigen Wulst.

Die erste Variation finden wir mehrfach auf Sarcophagen, so Garr. V. 365.₁.₂ 366.₂ 367.₁.₂ 381.₃ und auf einer Elfenbeinbüchse unbekannter Herkunft, Garr. VI. 438₈. Sie erscheint hier stets ohne Schleier und lässt das Haar sehen.

Die zweite Variation, den immer kleiner werdenden turbanartigen Wulst, finden wir am allerhäufigsten; er erscheint bald mit dem Schleier, der hinten am Haupt befestigt ist, also Antlitz und Scheitel gar nicht berührt, so auf einer Vermählungsscene aus S. Maria Maggiore, (De Rossi M. 14. 15. Garr. IV. 216.₃), wo er schwarz mit weissen Punkten geziert ist, ferner auf den Wand-

---

*) Der unterste Teil dieser m. ist leicht gewellt, vielleicht das „crispans" des Hieronymus? (s. o.)

*) cf. den Sarcophag Garr. V. 319. ₄, das Mosaik in S. Petrus Chrysologus zu Ravenna, (ib IV. 225.₂) die eccles. ex gentib. und ex circumcis. aus S. Sabina in Rom, (s. o.) wo die feinen weisen Streifen unter dem Schleier wohl Spuren der hervorsehenden m. sind. (Auch die Mosaikdarstellung in S. Venanzio in Rom (ib. 273.₂) und der Cathedrale von Parenzo (ib. 276.₁) scheint dazu zu gehören.)

mosaiken von S. Apollinare nuovo, (ib. 244.₂ 245.₁.₂) wo er reich mit Perlen und Gemmen geschmückt ist, auf einem Goldglase Garr. III. 190.₆. auf dem Haupte einer Orans, schliesslich auf den Mosaiken der Cathedrale von Parenzio, (Garr. IV. 276.₁₋₆) oder diese mitella sitzt ohne Schleier auf dem Haupte, so die gelbbraune mit weissen Punkten und die rotbräunliche mit dunklen Zeichnungen in S. Maria Maggiore, (De Rossi l. c. Garr. l. c. 212.₁.₂) sowie die dunkelbraune mit helleren Punkten ebenda (ib. 216.₃) und die rotbraune mit weissen und schwarzen Strichen; 218.₁ die der Eva auf den Goldgläsern, Garr. III. 172.₁.₂ (wo auch eine Perlenkette den Hals der sonst nackten Figur ziert!) die der Orans A N G N E auf dem Goldglase Garr. III. 191.₄, welche mit Gitterstreifen geziert ist, schliesslich die kokett sitzende mitella der Julia Anicia aus der Wiener Dioscurideshandschrift, (Labarte II. t. 43. p. 163. s. o.) die scharlachrot gefärbt und mit vier weissen Punkten geziert ist, und deren rote Bänder zu beiden Seiten herabhangen.

Ganz phantastische Formen aber zeigen sich auf Goldgläsern der späteren Zeit und auf einer silberen Reliquienbüchse zu Grado. (Garr. VI. 436.₁.).

Dies möge über jenes seltsame Kleidungsstück genügen.

Wir werden wohl nicht fehlgehen, wenn wir die einfachste Form, eine glatte weisse Binde, die das Haar verdeckt, für unsere Silviadarstellung wählen.

k.) Signaculum crucis.

Wie schon oben erwähnt, ist dieser als „Kreuzzeichen" geschilderte Gestus beim Diaconen wohl eine Verwechslung mit dem Redegestus. Die Monumente zeigen ihn sehr häufig, so die Heiligen der Lucinakrypta, wo die rechte Hand, die den Gestus ausführt, das Buch in der Linken tangiert, ebenso die beiden Ecclesiae in S. Sabina.

Dasselbe gilt von dem bei Gregors Schilderung erwähnten modus crucis.

1.) patens psalterium, scriptum, versus.

Offene Bücher in der linken Hand von Figuren finden sich besonders häufig auf den Mosaiken. Wir begegnen hier drei Formen, der breiten, der hohen und der quadratischen. Die erste findet sich in S. Pudenziana (s. o.) in der Hand des Herrn und des Paulus, ferner bei der ecclesia ex circumcisione in S. Sabina, im Baptisterium Ursianum zu Ravenna, (Garr. IV. 228. $_{2.\ 5.}$) im Mausoleum der Galla Placidia (ib. 233.$_1$) und bei den Evangelisten in S. Vitale ebenda (ib. 263. $_{4-6}$).

Die hohe Form erscheint neben dieser oft auf demselben Monument, so bei der ecclesia ex gentibus in S. Sabina und im Ursianischen Baptisterium.

Die quadratische findet sich u. a. in S. Apollinare in classe (Garr. l. c. 267.$_2$) und in der Faustakirche in S. Ambrogio zu Mailand (ib. 235.$_1$).

Die Farben der hervorschauenden Ränder des Deckels sind verschieden, in S. Sabina braun mit goldenen Streifen, auf dem Triumphbogen von S. Maria Maggiore rot.

Auch zu beiden Seiten herabhangende Schlussbänder finden sich, (rot: S. Maria Magg.) bisweilen sind sie sehr lang (Mausol. der Galla Plac.).

Die Bücher werden stets in der linken Hand gehalten und zwar, bis auf drei Ausnahmen [10]), von unten. Die Hand ist teils verhüllt, (S. Maria Magg., Basilica des Petrus Chrysol. in Ravenna, Garr. 222.$_2$. Bapt. Ursian., S. Apoll. in classe,) teils unbedeckt. (S. Pudenziana, S. Sabina, Mausol. der Galla Plac., Faustakirche in Mailand).

Soweit wir es an sieben Beispielen (S. Pudenzia, S. Petr. Chrysol., S. Apoll. in classe, S. Vitale, Triclinium

---

[10]) S. Vitale, Garr. IV, 263.$_4$ und Oratorio di S. Giov. Battista in Rom, ib. 239.$_8$ wird das Buch von oben und S. Vitale, ib. 263.$_5$, von der Seite gehalten.

Leos III. im Lateran, Garr. 283.₁) constatieren konnten, ist stets jede Seite für sich beschrieben. Hiergegen spricht nicht die Inschrift bei Garr. 1. c. 236., aus dem Mausol. der Galla Plac., da diese noch nicht genügend entziffert ist, ebensowenig das Buch in der Faustakirche zu Mailand, weil dort überhaupt nur das eine Wort VICTOR auf zwei Seiten verteilt ist.

Wir werden unserer Silviafigur nach Analogie von S. Apollinaris in classe ein quadratisches Buch geben und die haltende Hand, da der Plur. „manus" steht, nicht verhüllen. Die Schlussbänder dürfen wir wohl vernachlässigen, da sie nur bei einigen Büchern erscheinen. Den engen Rand des Deckels werden wir am besten braun färben.

Die Formen der Buchstaben bei diesem Buche, sowie bei den andern Inschriften[11]) haben wir nach Analogie der Inschriften auf den Mosaiken von S. Cosma e Damiano, S. Lorenzo und S. Agnese gehalten, indem wir aber die einfache Form des A bei den beiden letzten der des A mit geknickter Querhasta bei S. Cosma e Dam. vorzogen, jedoch die Querhasta des E und F nach Cosma e Dam. gleich lang hielten. (cf. Anhang b).

m.) Sanctus Gregorius.

Das schon beiläufig erwähnte Boëtinsdiptychon mit seiner zweiten Miniatur auf der linken Innenseite (Garr. III. 156.₈) ist uns bei der Reconstruction der Figur Gregors aus vielen Gründen von der allerhöchsten Wichtigkeit. Diese Miniatur nämlich, die nach Garrucci (III. p. 94) dem 7. Jh. entstammt, vielleicht sogar schon in seinen Anfang zu datieren ist, zeigt uns die Brustbilder dreier Heiligen, welche inschriftlich als Hieronymus, Augustinus und Gregorius gekennzeichnet sind. Alle drei sind mit Planetae bekleidet, und während die der beiden ersten ein

---

[11]) De Rossi Inscr. urb. Rom. II.₁. p. 352 teilt mit, dass das Distichon bereits 1446 von L. Sanuto copiert worden sei, (cod. Vatic. 5087) ohne auf die Buchstabenformen einzugehen.

dunkles Rehbraun zeigen, ist die des heiligen Gregor dunkelkastanienbraun (!). Unter der Planeta wird am Halse und an der emporgehobenen Rechten die weisse Dalmatica sichtbar, an deren Schlappärmel zwei schmale schwarze Parallelborten erscheinen. Alle drei Heiligen sind en face dargestellt, die Rechte zeigt durch zwei Finger den Redegestus und tangiert bei Hieronymus und Augustinus das Buch, welches die durch die Planeta verdeckte Linke emporhebt. Alle drei Bücher sind schwarz mit fünf goldenen in Kreuzform arrangierten Buckeln, und haben einen weissen, je zweifach schwarzgestreiften, mit carminfarbener Längslinie versehenen Schnitt, der bei Gregor nur an der rechten Seite sichtbar wird. An der Rechten erscheint am Handgelenk der anschliessende Ärmel der weissen Untertunica. Während aber bei den Figuren des Hieronymus und Augustinus Planeta, Dalmatica und Untertunica die einzigen Kleidungsstücke sind, zeigt sich bei Gregor noch ein weisser, von der linken zur rechten Schulter führender, mit feinen dunklen Punkten gezierter Streifen, in welchem wir das Pallium des Papstes erkennen. Der über die linke Schulter zurückkommende herabhangende Teil desselben wird durch Buch und emporgehobene Planeta verdeckt.

Was nun Gregors Kopf betrifft, so haben wir, obgleich einzelne Partien des Antlitzes, auch die Nase, verwischt sind, doch ein ausgesprochenes Portrait im Contrast mit den beiden anderen sich sehr ähnelnden Idealköpfen zu constatieren. Wir sehen eine breite Tonsur mit jenen schwarzen Stirnlocken des Diaconen, spärlichen Bart, hochgezogene Brauen, nicht grosse, aber weit offene Augen, eine bräunliche mit Carmin und Braun schattierte Gesichtsfarbe, kurz, wir sehen bis auf ganz geringe Abweichungen den Gregor des Johannes Diaconus, sodass der Schluss wohl nicht zu kühn ist, dass der unbekannte Maler dieses Diptychons unser Bild im Andreaskloster oder doch eine authentische Copie desselben gekannt habe. Die einzigen

Abweichungen aber bestehen darin, dass 1.) die viereckige Aureole fehlt, — Gregor lebte ja nicht mehr, und Augustinus und Hieronymus haben auch keine! — dass 2.) die linke Hand bedeckt ist, während der Plural »manus« beim Diaconen beide Hände als sichtbar voraussetzt, — was sich indessen aus der Parallele mit Augustinus und Hieronymus leicht erklärt, — und dass 3.) der über die linke Schulter kommende Teil des Palliums nicht »propria rectitudine« herabhängt, sondern hinter dem Buche verschwindet, — was aber darum sehr begreiflich ist, weil die linke Schulter überhaupt von dem Rande des Bildes abgeschnitten wird, der Maler diesen Teil des Palliums also entweder überhaupt nicht darstellen, oder nur in vorliegender Form andeuten konnte. Immerhin ist dies im Gegensatz zu der grossen Menge der genauesten Übereinstimmungen eine ganz unbedeutende Anzahl von leicht erklärlichen Abweichungen. Wir dürfen es also mit Freude begrüssen, dass uns dies Denkmal, die Copie eines authentischen Portraits des grossen Gregor, erhalten geblieben ist, und werden dies in erster Linie zu benutzen haben. [12]

Was sonst die einzelnen Teile der Kleidung betrifft, so haben wir über Planeta und Dalmatica bereits gesprochen. Das Pallium findet sich in Verbindung mit ihnen auf zahlreichen Denkmälern, und zwar ist es dort stets weiss, in derselben Form umgenommen, oft mit Quasten am herabhangenden Ende versehen, (cf. Maximians Pallium in S. Vitale, das der beiden Heiligen in S. Agnese, der vier Heiligen der Lucinakrypta) seltener ohne dieselben (das Pallium des Titelheiligen in S. Apollinare in classe) [13].

[12] Garruccis Publication ist, wie eine Vergleichung mit der Originalphotographie zeigt, völlig unbrauchbar. Der Bogen des Palliums z. B. ist bei ihm eine Falte! Wir bilden die Figur Gregors nach der Photographie (s. unten) neben unserer Reconstruction ab.
[13] In einem Falle (S. Vitalis in der gleichnamigen Kirche) ist unter den Quasten noch ein geschmackvolles Ornament angebracht.

Auf fast sämmtlichen dieser Pallien findet sich am untersten Ende ein etwas ausladendes schwarzes Kreuzlein in griechischer Form, nur bei der Oransfigur des Apollinaris sind deren drei auf jedem Teile zu sehen. Übrigens sind sowohl die Quasten, als auch die Kreuze (abgesehen davon, dass Gregors Pallium vielleicht überhaupt keine hatte) aus einem unten anzuführenden Grunde irrelevant.

Über den Gestus der Rechten ist schon die Rede gewesen.

Das Buch in der Linken kommt in den allerverschiedensten Farben, aber stets in länglich rechteckiger Form vor. So halten z. B. die beiden Heiligen aus S. Agnese goldene Bücher mit dunkelbrauner Kreuzzeichnung und weissen und blauen Gemmen geziert. Die Bücher der Heiligen in der Lucinacrypta sind hellbraun mit roten, blauen und weissen Edelsteinen und roten oder weissen Eckverzierungen geschmückt; allein es ist zwecklos, noch mehr aufzuzählen, da alle ganz verschieden gefärbt und geziert sind. Wir halten uns am besten an unsere Miniatur.

n.) **Rota.**

Darstellungen in Medaillons (§ 3) sind nicht selten. Abgesehen von Sarcophag- und Elfenbeinmedaillons (Lipsanothek in Brescia) finden sie sich häufig auf Mosaiken, indem hier entweder das Brustbild der Person, oder nur Kopf und Hals dargestellt ist. Das ganze Brustbild im Medaillon findet sich z. B. auf dem Triumphbogen der Galla Placidia in S. Paul in Rom, (De Rossi, M. 15. 16, Garr. IV. 237) wo der Herr in einem Strahlennimbus erscheint, während wir die andere Form in der Capella von S. Pudenciana, (15 Figuren, Garr. 209.$_3$) in S. Vitale, (259.$_{1-7}$) in S. Petrus Chrysologus, (14 Figuren 224.$_{1-4}$, 225.$_{1-4}$) in der Cathedrale von Parenzo (276.$_{1-6}$) finden.

Auch Gegenstände wurden in solche Medaillons gesetzt, so in S. Maria Maggiore (Triumphbogen) ein Thron mit einem Kreuz, (Garr. 259.$_{1-7}$) in S. Petr. Chrys. ein

Sternmonogramm; (225.₁) auch das Lamm findet sich darin, so z. B. im Oratorium Johannes des Täufers in Rom (Garr. 239.₁).

Naturgemäss waren die Mitten der Kuppeln sehr zur Anlage von Medaillons geeignet, und wir finden sie auch hier äusserst häufig, so die ganze Gruppe der Taufe des Herrn im Bapt. Ursian. in Ravenna (l. c. 226. 227.₁) und im Bapt. von S. Maria in Cosmedino ebenda, (241.₁) cf. auch S. Faustina in S. Ambrogio in Mailand (235..).

o.) **Tabula.**

Auf sämmtlichen uns durch Abbildungen zugänglichen Catacombenfresken haben wir nur einen einzigen viereckigen Nimbus finden können, und zwar in der Catacombe von Alexandrien, (De Rossi Bullett. 1865 Anno III. Nr. 8 p. 83, Tav. Fig. 5, Garr. II. 105 B. 5). wo um das Haupt des Apostels Andreas, der bei der wunderbaren Speisung zugegen ist, ein viereckiger blaugrauer Streifen läuft. Sonst haben wir diese Form der Aureole, die ein Zeichen der noch Lebenden ist*, nur auf den Mosaiken finden können, und zwar in der Capelle di S. Zenone in S. Prassede, (De Rossi M. 11. 12. Garr. IV. 290) in S. Caecilia, (D. R. M. 11. 12. Garr. 292) im Oratorium Johannes VII in der alten Basilica Vaticana, (D. R. ib.) S. Prassede, (D. R. 5. 6, Garr. 286) Kapelle der S. Maria del presepio in der vaticanischen Krypta, (Garr. 279.₂) in S. Marco, (D. R 13. 14, Garr. 294) und im Triclinium Leos III im Lateran, (Garr. 282.₄, 283.₁₋₅) sämmtlich in Rom. Der unterste Rand erscheint nur in zwei Fällen, Orat. Joh. VII und Cap. der Maria d. pres., sonst ist er stets hinter Hals und Schultern der Heiligen verdeckt. Die Farben sind ganz verschieden, doch lassen sich fast alle auf das Blau zurückführen. So ist der (ergänzte) Nimbus in S. Prassede grünblau, der Nimbus der h. Theodora in der Zeno-Kapelle blauviolett, in S. Caecilia türkisblau, in S. Marco desgleichen. Der **Rand** ist schwarz und weiss, in S. Caecilia nur weiss.

Im Orat. Joh. VII erscheint er nur als schwarze Linie auf goldenem Grunde (cf. hierzu Kraus R. E. II p. 498 b. Abb. 328 von einer Miniatur des Monte Cassino).
Wir werden wohl nicht fehlgehen, wenn wir die bei weitem am häufigsten angewandte Form wählen, welche von den Schultern verdeckt wird. Der Diacon nennt hier so wenig die Farbe, wie bei Buch, Pallium, Dalmatica; wir werden ein Blau zu wählen haben, da dies am häufigsten, ja fast immer vorkommt, und uns nicht mit einem blossen Rande begnügen können, da der Diacon von einer „tabula" spricht.

Soviel über die Monumente. Hoffentlich genügen diese Pinselstriche, um ein ausreichendes Bild des Ganzen zu gewähren, und wir schreiten nunmehr zur Reconstruction.

§ 12.
Die Reconstruction.

a) Zeit und Ort der Gemälde.

Wenn Johannes Diaconus l. c. den grossen Gregor mit den Worten „ore rubido, genis compositis, colore aquilino et vivido" als jugendkräftigen und gesunden Mann schildert, als er sich malen liess, wiederum aber die drei Gemälde erst entstanden sind, als Gregor bereits Papst war, so werden wir wohl nicht fehlgehen, wenn wir sie in den Anfang seines Pontificats, also nach 590, jedenfalls noch ins sechste Jahrhundert setzen. Was den Ort der Gemälde betrifft, so sagt A. Rocca — im Anschluss an Joh. Diac. V. S. G. M. I. 32. 38. II. 45. IV. 95. — dass Gregor zwei Klöster am Berge Scaurus habe erbauen lassen, von denen er das grössere während seines Pontificats zu Ehren des h. Andreas errichtete. In diesem Kloster, das nahe bei der Kirche des h. Johannes und Paulus gelegen war, sind höchst wahrscheinlich unsere Bilder gewesen, wenn nicht überhaupt, wie Rocca offen lässt, die beiden vom Diaconen genannten Klöster ein und dasselbe Gebäude gewesen sind, welches Gregor als

Papst nur erweitert und verschönert hat, sodass der Name „Gregorskloster" nach dem Erbauer, der Name „Andreaskloster" nach dem Heiligen, dem es geweiht war, gewählt ist. Indessen genügt es an diesem Orte die beiden Möglichkeiten erwähnt zu haben.

b) **Frühere Reconstructionsversuche.**

Die genaue Schilderung des Diaconen hat schon zu anderer Zeit die Gelehrten zu einer Reconstruction gereizt. So lesen wir bei Angelus Rocca: „Quamvis autem dictae imagines a Ioanne descriptae non eodem in loco essent, eas tamen hoc disposui ordine, iuxta quem in aedicula S. Andreae pictas Romae inveni: haec namque circa CCC fere annos ex iis, quas Joh. Diac. sua tempestate in atrio monasterii exstitisse testatur, desumptae videntur, a pictore tamen non satis perito, sicut res minus aptae, minusve ad artem pictoriam pertinentes, id nobis persuadent. Idcirco ego, suasione indiciosorum hominum monitus, dictas imagines iuxta exactissimam I. Di. descriptionem quasi penicillo repraesentatas, omni ex parte ad vivum exprimendas diligenter curavi: quibus etiam magna ex parte respondent illae, quae rudi nunc arte pictae in ipsa cernuntur aedicula." Hieraus folgt, dass schon etwa 300 Jahre nach des Diaconen Zeiten, also ungefähr im 12. Jahrhundert, unsere Bilder, aus welchem Grunde, wissen wir nicht, — von einem unbekannten Maler an einem andern Orte copiert worden sind, der aber die alten Formen zu wenig zu schätzen verstand und daher „rudi arte" verfahren hat.

Darauf sind die Originale wahrscheinlich zu Grunde gegangen, sodass A. Rocca, der 1545 — 1620 lebte, nur die Copien gesehen hat und sie, nach Joh. Diac. Beschreibung etwas verbessert, in Kupfer stechen liess. Diesen Kupferstich teilt auch Caesar Baronius, Roccas Zeitgenosse, ein fleissiger und hochbeanlagter Kopf, den

Clemens VIII unter seine Cardinäle aufnahm, in den Büchern seiner Annalen mit (Tom. XI p. 55). Wenn wir dies Bild aber genauer betrachten, so sehen wir bald, dass es von Johannes Beschreibung so verschieden ist, dass wir es in keiner Weise mehr benutzen können. Daher ist es nicht wunderbar, wenn Migne (75 p. 230 c.) diese Bilder Gregors und seiner Eltern überhaupt für andere hält, als sie Joh. Diac. beschrieben hat. Denn 1.) sind die drei Bilder des Diaconen hier zu einem einzigen verschmolzen, so dass Gregor zwischen Gordian und Silvia steht, und Petrus überhaupt fehlt, 2.) fehlen die zonae an Silvias Gewande, 3.) ist Silvia nicht sitzend, sondern stehend dargestellt, 4.) verrät der Faltenwurf und der Ausdruck aller drei Gesichter den Geschmack des 16. Jahrhunderts. Ich könnte diese Liste noch leicht fortsetzen; aber das bereits aufgezählte genügt wohl, um uns von der Unzuverlässigkeit dieser Reconstruction zu überzeugen. Entweder also hat der alte Maler überhaupt nicht die Originale gekannt und nach seinem eigenen Geschmack in den Formen seiner Zeit unter Anlehnung an des Diaconen Schilderung die Neuschöpfungen vorgenommen, oder, wie Rocca sagt, er war seiner Kunst nicht mächtig genug, um Sinn für diese alten Denkmäler zu haben, und machte daher beliebige Änderungen.

Ob das Bild, welches Garrucci[1] erwähnt, das vom Cardinal Friedrich Borromeo in Kupferstich wiedergegeben worden ist, mit dieser Reconstruction verwandt oder identisch ist, weiss ich nicht, da ich jener Publication nicht habhaft werden konnte, die Garr. nennt; jedenfalls folgt aus Garr. Worten zur Genüge, dass auch sie für unseren Zweck unbrauchbar ist.

---

[1] III p 94. „In sua vece vedevasi una pittura non antica sul Celio, che il Cardinale Federico Borromeo diè alle stampe (Die pictura sacra, ed. Gori, pagg. 76, 77) da un diesegno che se ne trovava, quando l'originale era già perito ecc."

c.) Unsere Reconstruction.
I. Allgemeines.
α.) Waren die Gemälde Mosaiken oder Fresken?

Die Frage, ob unsere Gemälde Mosaiken oder Fresken waren, ist nicht leicht, jedenfalls nicht mit absoluter Gewissheit zu entscheiden. Gegen die Annahme von Mosaiken spricht nicht der Gebrauch der Worte depingere und pingere, die wir bei Mosaiken (Spartianus in Pescennio Nigro; August. lib. 16 de Civitate c. 8; Gregorius, vita S. Laurentii Episc. Sipont IV; Inschrift von S. Agnese in Rom) angewendet finden, so wenig, wie das Wort iconia, das = imago ist und jede Art Bildwerk bedeuten kann. Allein warum hat der Diacon, wenn wir es mit Mosaiken zu thun hätten, kein Wort darüber gesagt, wie es die anderen Schriftsteller thun? Wie konnte er voraussetzen, dass seine Leser zu einer Zeit, wo diese Kunst nicht mehr blühte, auf Mosaiken schliessen würden, ohne dass etwas näheres darüber gesagt ist? Auch ist nicht eine einzige Metallfarbe, überhaupt keine strahlende Farbe (ausser candens) genannt, die auf die goldstiftreiche musivische Kunst einen Schluss zuliesse, im Gegenteil finden wir matte, feine Töne erwähnt, die weit mehr dem Fresko entsprechen.

Hierzu kommt noch, dass die Détails, z. B.: des Gesichtes Gregors, mit so peinlicher Genauigkeit und Zartheit — soweit wir dem Diaconen glauben dürfen — gemalt waren, dass nur ein Mosaikkünstler ersten Ranges den farbigen Stiften diese Kunst hätte entlocken können.

Hierzu stimmt sehr gut das Material der rota gypsea; auf den Gyps war Gregor gemalt, also wohl al fresco.

Die Lesart „aurifex" für „artifex" bei Gregors Schilderung beweist nichts gegen Fresken, selbst wenn sie ursprünglich wäre, denn aurifex heisst nur Goldschmied, (Cic. 6. Verr. 25 ; 20. rat. 38. Apul. 6. Met. 6. | Macrob. 7. Sat. 16 | Plinius 37 $_{5^{a\cdot 1}}$. 33. $_{20\cdot 1}$. | Plaut. Aul. 3 $_{5\cdot 34}$. Quintil. 9. $_{4\cdot 61}$. etc. analog: argentifex.) niemals aber

Mosaikarbeiter, und wenn man dies für eine Neubildung des Joh. Diac., dem die alten Worte, wie musivarius, schon unbekannt waren, ansehen wollte, so hätte dieser Ausdruck doch seinen Lesern völlig dunkel bleiben müssen, wenn der Autor sonst keine einzige andere Andeutung über Mosaiken hätte machen wollen.

Auch ist es an sich nicht natürlich, einen Mosaikarbeiter, der vielleicht nicht immer; sondern nur meistens einen goldenen Hintergrund wählte, einfach: „Goldmacher" zu nennen, ja, es wird durch das voranstehende „eiusdem", das den Begriff des Folgenden als aus dem Vorhergehenden bekannt voraussetzt, völlig ausgeschlossen, da artifex ein erwarteter, aurifex indess ein völlig neuer, der Erklärung bedürftiger Begriff ist.

Im übrigen lesen die besten Ausgaben artifex, und dieser Schreibfehler ist auch sonst vorgekommen. (cf. Forcellini l. c. I. p. 499.) Wir hoffen also nicht falsch zu gehen, wenn wir uns für Fresken entscheiden.

3. Formen und Colorit.

Bei den Formen werden wir uns hauptsächlich — der Technik entsprechend — nach der Lucinakrypta und der Generosacatacombe zu richten haben. Alle Gesichter sind nach der oben gefundenen Regel en face zu geben.

Was das Colorit betrifft, so werden wir besonders auf das Boëtiusdiptychon und die Lucinakrypta zurückgehen müssen, und wenn wir es versuchen, eine Farbentabelle dieser beiden Denkmäler zu entwerfen, so werden wir eine grosse Übereinstimmung mit den Farben des Diaconen finden. (cf. unsere Tabelle.)

Wir sehen, dass die Grundfarben auf allen drei Reihen völlig übereinstimmen, und dass ausser dem Grün, was I. nur von den Augen steht und bei II. und III. fehlt, und dem Gelb, was I. nicht hat, (von gold = gelb war schon oben die Rede), die übrigen Töne nur mehr oder weniger feine Nuancen derselben Farben sind.

Dass zu den 10 Farben des Diaconen noch Schwarz und Fleischfarbe hinzuzunehmen ist, braucht wohl nicht erst bewiesen zu werden; das Gelb wird bei Gregors Buche Verwendung finden. Für die Schatten ist dunkelbraun zu wählen.

I. Die Farb bei Joh. Diac.	II. Die Farb. der Lucinakrypta.	III. Die Farb. des Gregorsbildes auf dem Boëtiusdiptychon.
candidus, candens	weiss	weiss
pseudolactinus, glaucus	grau	
(schwarz), subniger	schwarz, eisenfarbig	schwarz
castaneus, aquilinus	mattgelbbraun	kastanienbraun
(fleischfarben)	fleischfarben	fleischfarben
fulvus, subfulvus	orange	rotbraun
rubeus	rot	carmin
viridis	—	—
—	gelb	gelb, gold

2. Einzelnes.
a. Die äussere Form der Bilder.

Über die ersten beiden Bilder ist, was Hintergrund, Grösse und Umrahmung betrifft, bei Joh. Diac. nichts gesagt; wir werden also nur die geschilderten Figuren zeichnen können.

Bei Gregors Portrait dagegen haben wir interessante Anhaltepunkte über die Form des Ganzen. Wir sahen schon oben, (rota,) dass wir sein Bild in ein Medaillon zu setzen haben.

Weil nun aber Joh. Diac. bei diesem Bilde weder „sedens" noch „stans" hinzugefügt, was er bei allen drei anderen Figuren thut, ferner weder seine Fussbekleidung, noch das Ende (event. Kreuzlein, s. o.) des Palliums erwähnt, so liegt die Annahme sehr nahe, dass wir es nach Analogie unserer Medaillonbilder (s. o.) und des Boëtiusdiptychons mit einem Brustbilde zu thun haben.

Über die Farbe des Hintergrundes verlautet auch hier nichts. Sie wird einfach weiss (gypsea?) zu lassen sein.

3. Unsere Bilder.

cf. die beigefügten Tafeln.

Die einzelnen Teile unserer Reconstruction haben schon grösstenteils im vorigen Erwähnung gefunden. Der Kopf und die Gewänder des Petrus sind nach S. Cosma e Damiano gebildet, die Verzierung des Pallium von S. Paulus ebenda. Der Nimbus, der, ausser in S. Cosma e Dam., bei Denkmälern der nächstliegenden Zeit nie dem Petrus fehlt, ist gelb mit schwarz-weissem Rande nach Analogie der Aureolen in S. Lucina zu tingieren.

Bei Gordian, Silvia und Gregor sind die Détails schon erwähnt. Die Clavi der Silvia sind nach Analogie der Januariuscatacombe matt purpurn zu geben; Gregor ist getreu nach dem Boëtiusdiptychon gebildet. Zur näheren Betrachtung seines Kopfes möge man des Diaconen Schilderung Wort für Wort vergleichen.

Von den erst zur Zeit des Petrus Archidiaconus und des Johannes Oeconomus (?) durch den Mönch Saturninus um Gregors Figur (wahrscheinlich in die Zwickel des durch die rota bedeckten Apsidulabogens) gemalten Apostelfiguren (vielleicht nur Petrus und Paulus in kleinen Medaillons, wie S. Maria und S. Michael in der Sophienkirche?) haben wir natürlich ganz abzusehen, da sie ja nicht mehr Gregors Zeit angehören, es auch dem bescheidenen Sinn des Papstes wenig gefallen haben würde, gleich dem Herrn auf vielen Mosaiken, zwischen den beiden Hauptaposteln zu erscheinen.

Ob nun jede Windung dieses complizierten Knotens von uns richtig aufgelöst ist, ob unsere Mühe bereits verschwundene Gemälde wieder emporgezaubert hat, das wissen wir nicht. Wenn sich aber Unvollkommenheiten finden sollten, so möge man an die Schwierigkeiten des Problemes denken!

B. DIE PLASTIK.
§. 13.

Kein noch vorhandenes Denkmal der Plastik lässt sich mit Sicherheit in Gregors Epoche datieren. Das einzige überhaupt in Frage kommende ist das Diptychon von Monza,[1]) auf dessen beiden Seiten König David und Gregor in Consulartracht dargestellt sind. Nach Gori II. p. 209 ist es das Diptychon, welches Gregor an die Königin Theodilinde nach Monza sandte. Es bildet die Hülle eines Antiphonars von Gregor auf purpurnen Seiten mit Gold- und Silberbuchstaben. (Ein Facsimile der Schrift bei Gori II. p. 214.) Der Papst erscheint hier stehend, in seiner Linken die Mappa, in seiner Rechten einen langen Stab mit kleinem ausladendem Kreuze (wohl nur im Gegensatze zu Davids Scepter, nicht etwa der modus crucis des Diaconen!) haltend. Das runde glatte Gesicht (in den meisten Publicationen idealisiert!) hat umrandete, glotzende Augen und zeigt eine merkwürdige Ähnlichkeit mit Davids Antlitz; die schematische Tonsur des Kopfes hat mit der beim Diaconen geschilderten nicht die entfernteste Verwandtschaft. Auf dem Consulngewande mit reicher Stickerei kann man eine Andeutung des Palliums finden. (?) Die Inschrift oben ist plastisch, höchst eckig und lautet nur: „Sanctus (!) Gregorius."

---

[1]) cf. Wilhelm Meyer. Zwei ant. Elfenbeintafeln etc. p. 31. f. Kraus R. E. I. p. 370. G. d. C. K. I. p. 500. I. O. Westwood. A descriptive catalogue etc. p. 30. Martigny, Dictionn. p. 255. A. F. Gori. Thesaurus etc. II. 206 etc. u. die dazugehörige Tafel. (Abguss im christl. Museum zu Berlin.)

Die Inschrift über seinem Haupte giebt folgendes Distichon:

† Gregorius praesul meritis et nomine dignus
Unde genus ducit summum conscendit honorem.

Gori bringt ähnliche Worte aus einem alten Antiphonarcodex (Gregors), p. 216, cf. auch p. 217 f.

Zunächst erhebt sich nun die Frage: war das Diptychon ursprünglich ein Consulardiptychon, und wurde es erst später in seine jetzige Gestalt verwandelt, oder wurde es gleich in Anlehnung an alte Consulardiptychen derartig angefertigt? Für das erste entscheiden sich Martigny und Kraus, für das zweite Meyer und Westwood. Wir schliessen uns durchaus den beiden letzten an. Nach dem uns vorliegenden Abguss ist auf dem Elfenbein nicht eine Spur späterer Umarbeitung nachzuweisen, im Gegenteil ist die plastisch herausgearbeitete Inschrift $\overline{SCS}$ GREG⁰R als späterer Zusatz technisch nicht denkbar, ebensowenig die Tonsur, die mit grosser Glätte und Regelmässigkeit ausgearbeitet ist, was wohl nicht möglich gewesen wäre, wenn ursprünglich lockigwallendes Haar vorhanden gewesen, u. s. w.

Eine zweite Frage dagegen lässt sich nicht so bestimmt beantworten, nämlich die Frage, ob dies Diptychon mit dem an Theodolinde gesandten identisch ist, überhaupt Gregors Epoche angehört. Aus dem Stile und der Technik lässt sich bei der unsicheren Datierung der anderen Elfenbeinarbeiten nichts bestimmtes schliessen. Folgende Gründe aber scheinen uns dagegen zu sprechen, es für Gregor contemporär zu halten:

1.) würde der Papst, der nach des Diaconus Angaben ein so feines und exactes Bild von sich anfertigen liess, dies traurige Elfenbeinportrait kaum anerkannt haben. 2.) ist die Darstellung eines Papstes und eines Königs von Israel in Consulatracht mit geschwungener Mappa (!) eine dem kunstsinnigen Gregor kaum zuzutrauende — übrigens auch allein dastehende — Geschmacklosigkeit. 3.) würde wohl Gregor nicht das „Sanctus" vor seinen Namen haben schnitzen lassen, 4.) sich nicht mit König David haben zusammenstellen lassen. Indessen können wir die Unechtheit dieses Diptychons nur wahrscheinlich machen, nicht nachweisen.

Von einem zweiten Werke architektonischer Plastik erfahren wir von Anastasius, der uns berichtet, der grosse Gregorius habe ein Ciborium mit vier Säulen aus gediegenem Silber über dem Grabe des S. Petrus aufgeführt. (cf. Baronius Annales XI. 58.) Indessen ist uns von diesem Tabernaculum nichts erhalten geblieben.

C. DIE KLEINKUNST. MINIATUREN.

§. 14.

Wir erwähnten schon oben, dass sich mit Sicherheit kein Goldglas in die Epoche Gregors datieren lasse. Dasselbe gilt überhaupt von der Kleinkunst. Indessen geben uns litterarische Notizen hierüber doch manches Willkommene; sie lassen uns jedenfalls Gregors Kunstinteresse constatieren. So schickte z. B. der Pontifex nach L. 14 epist. 12 seiner Briefe der Schwester des Adulouvaldus drei Ringe, zwei mit Hyazinthen, (unser roter Edelstein?) einen mit einer „albula". (Du Cange schweigt über dies Wort. Vielleicht eine Gemme von Milchquarz oder Onyx?) In derselben Epistel wird gesagt, er sende an Adulouvaldus selbst ein Kreuz mit Holz von Christi Kreuze und eine „theca Persica", darin eine „lectio s. evangelii". Solche thecae, Reliquienbehälter, Lipsanotheken, waren oft aus sehr kostbarem Material, so aus Gold, Silber und Edelsteinen, (Vita S. Elegii episc. Novion.) S. Asterius Orat. in s. martyres nennt sie φιλοκαλοι. Was der Zusatz Persica bedeutet, wissen wir nicht; vielleicht war diese Theca aus einem wertvollen orientalischen Holze (Sandelholz?) gearbeitet. Ob die darin liegende Handschrift des Evangelientextes mit Miniaturen verziert gewesen sei, ist gleichfalls nicht gesagt.

Gori l. c. II. 205 f. erwähnt zwei Kunstgegenstände, deren Besitzes sich Monza rühmt. Gregor soll das dort noch vorhandene Krystallkreuz (?) an Theodolinde für ihren Gemahl Agilulf und ein Corporale an die Königin gesandt haben. Indessen ist diese Tradition wohl kaum ernst zu nehmen.

Was die übrigen noch vorhandenen Reliquien von Monza, ἐγκόλπια, 65 Ölfläschchen etc. (Garr. t. 433 ff.) betrifft,[1]) so müssen wir sie mit grosser Vorsicht ansehen. Schon dass ihre Echtheit mit der des Gregorsdiptychons (S. 13) steigt und fällt, macht sie verdächtig. Die ἐγκόλπια, Brustkreuzlein, wollen gregorianisch sein, da sie griechische Distichen des Papstes tragen; aber gerade in deren mannigfachen Fehlern und in ihren Varianten mit Gregors Texte zeigt sich unserer Ansicht nach die misslungene Absicht des späteren Verfertigers.

Sehr verdächtig sind ferner die beiden Lämmerstreifen auf den Fläschchen Garr. 433. , und ₉. Der erste scheint fast ein jüngstes Gericht zu zeigen, da sich das auf den Hinterfüssen (!) stehende Gotteslamm nach rechts wendet, und die Schafe auf der rechten Seite zu ihm, die auf der linken von ihm ab gekehrt sind. Besonders aber fällt der äusserst lebendige Stil beider Streifen mit seinen bewegungsvollen, fast burlesken Stellungen der Tiere gänzlich aus dem Rahmen der Lämmerstreifen vor und nach unserer Epoche heraus.

Schliesslich verrät der Gekreuzigte auf all' diesen Denkmälern mit seiner Dalmatica und den langen, glatten Clavi grosse Verwandtschaft mit Rabulas oben

---

[1]) Einen Katalog der teilweise aus Metall, teilweise aus Glas fabrizierten Fläschchen hat der Abt Johannes auf einem Pergamentstreifen gegeben, der noch in Monza vorhanden ist. (cf. Kraus, G. d. C. K. I. p. 524.)

erwähnter Miniatur, also orientalischen Einfluss, (auch Kraus, G. d. C. K. I. p. 524 vermutet jerusalemitische Abstammung eines Teiles der Fläschchen,) während die Kunst in Rom, wie wir gezeigt, ihre ganz eigenen Bahnen ging. Die Echtheit dieser Gegenstände ist also keineswegs erweisbar, und wir dürfen aus ihnen jedenfalls keine Schlüsse auf die Kunst unter Gregor ziehen.

Ebenso wertlos für die Kunstgeschichte (nicht für die Archäologie) sind die Notizen, dass der Bischof Venantius im Jahre 597 dem Kloster Luni eine Silberpatene von 2 Pfund Schwere schenkte, (Kraus ib. p. 516.) und dass sich schon Gregor der Grosse einer silbernen Canna (virgula argentea, Röhrchen zum Aufsangen des Abendmahlsweines) bedient haben soll. (ib. p. 518.)

Über die Erwähnung von Lampenhaltern in Delphinsgestalt bei Gregor cf. Kraus 1. c. I. p. 488. R. E. II. p. 267. 295.

Wir lassen es hier offen, ob das Evangeliarium No. 286 der Bibliothek des Corpus-Christi-College zu Cambridge mit einer der 601 von Gregor an den Erzbischof Augustin nach England gesandten Handschriften identisch sei. Nach Springer entstammen seine Miniaturen einem italienischen Künstler des 6. Jh. (cf. Westwood, Palaeographia sacra pictoria, London 1843—45. VII. Dobbert, Abendmahl Christi in der bildenden Kunst bis gegen Schluss des 14. Jh. 7. Forts. (Repert. der Kunstwissensch. Bd. 18. 1896) The Paleographical Society, Facsimiles of manuscripts and inscriptions ed by E. A. Bond and E. M Thompson. I—VIII. Pl. 34. Goodwin, Evangelia Augustini Gregoriana, Cambr. 1847.)

Hoffen wir nun am Schluss unserer Arbeit, dass es uns gelungen sei, etwas Licht in diese dunkele Epoche der christlichen Kunst zu werfen, und dass besonders der Kern der ganzen Untersuchung, die Reconstruction jener drei Fresken, nicht wertlos sei!

Anhang.

a. Von der Architektur haben wir fast ganz geschwiegen, weil aus Gregors Zeit nichts mehr vorhanden ist. Interessant ist immerhin des Diaconen Notiz, dass das Andreaskloster, analog den Basiliken, ein atrium und ein nymphium (cantharus) hatte. Cf. über die Klosterbauten des VI. Jh. (584, Nebi-Jûnus bei Sidon etc.) V. Schultze, Archäologie der altchristl. Kunst, p. 113[1]). Über Gregors Bau eines Oratoriums des Papstes Hilarius, cf. Baronius Ann. XI. 58.

b. Die publizierten Inschriften aus Gregors Zeit seien, um auch der Epigraphik seiner Epoche zu genügen, aufgezählt: Inscript. chrét. de la Gaule von' Le Blant, I. 40 f. N. 17, die Agapus-Inschrift vom 25. März 601, Mus. von Lyon; II, 174. N. 474 im 4. Jahre der Regierung Theodosius II., also 600, Sammlung Le Blant; II, 474 N. 620 A, Museum von Narbonne, zu einem romanischen Capitäl, wohl nicht 473 unter Eurich, sondern 593 unter Reccared; II. 337 f. N. 565, in Condes gefunden, Mus. von Clermont, mit Kreuz und merkwürdigem Monogramm, zu setzen ins Jahr 500, 527, 591 oder 690, am wahrscheinlichsten aber 591, da sich A und Ω nicht vor 547 in Gallien finden.

Auf den zitierten Inschriften erscheint neben dem einfachen A auch das mit geknickter Querhasta. Für

---

[1]) Über den Ambon des Marinianus 597 in S. Giovanni e Paolo cf. Kraus, G. d. C. K. I. p. 381. Abbildung bei Fleury, la Messe, pl. 174.

D. ist (auf Nr. 620 A) /\ mit verlängerter Hasta nach oben links gesetzt; das K erscheint mit gekürzten Schräglinien, das L, in Minuskel übergehend, mit geschweifter Querhasta, ebenso das G. Die Längshasten des M stehen schräg, die Mittelhasta des N setzt nicht an Anfang und Ende, sondern mehr in der Mitte der Seitenhasten an.

c. Interessant ist, wie sich der historische Portraittypus Gregors noch ziemlich lange hielt, selbst in einer Zeit, wo die ihm ins Ohr sprechende Taube bereits sein unzertrennliches Attribut war. So zeigt ein Elfenbeinrelief der Berliner Kgl. Bibliothek. (Abguss in christl. Mus. zu Berlin) wohl dem IX. bis X. Jh. entstammend, den schreibenden, von einer Taube begleiteten Papst, auf dessen Haupt man deutlich die ihm eigene Locke an der Stirn erkennt, und dessen Züge fast eine Caricatur auf das Bild des Diaconen zu sein scheinen.

Vita.

Am 15. Mai 1870 wurde ich, Friedrich Erdmann Julius Kurth, zu Berlin geboren. Mein Vater, damals Lehrer, später Rektor daselbst, liess mich das Kgl. Friedrich-Wilhelms-Gymnasium und das „Graue Kloster" besuchen. Michaelis 1890 bestand ich die Maturitätsprüfung und liess mich in der theologischen Fakultät der Friedrich-Wilhelms-Universität zu Berlin inscribieren. Hier habe ich ausschliesslich studiert. Ich hörte bei den Herren Prof. Weiss, Harnack, Kaftan, Strack, von Soden, Kleinert, Lommatzsch, Steinmeyer, Runze theologische Vorlesungen, kunsthistorische bei den Herren Prof. Curtius, Kékulé, Dr. Graef, Goldschmied. Die Hauptanregung zu meiner Dissertation aber empfing ich durch die Vorlesungen und den persönlichen Verkehr des Herrn Prof. Dr. D. Nicolaus Müller, dem ich auch an dieser Stelle meinen tiefsten Dank ausspreche. Durch seine freundliche Erlaubnis wurde es mir möglich, jahrelang den Lehrapparat des christlichen Museums zu benutzen. Am 14. Mai 1895 bestand ich mein erstes theologisches Examen, am 12. Dezember 1896 die mündliche Doctorprüfung in Heidelberg unter den Auspizien des Herrn Dekans der philosophischen Facultät Prof. Dr. Braune und der Herren Prof. Dr. Thode, von Duhn und Eisenlohr. In den Monaten Januar, Februar und März 1897 machte ich auf den Vorschlag Sr. Excellenz des Herrn Kultusministers D. Bosse die Hugo Stangensche Orientreise zur Anregung und Förderung meiner Studien mit, nach meiner Rückkehr erhielt ich das Deutsche Reichsstipendium vom Kaiserl. Archäologischen Institut zu einer Jahresreise nach Griechenland und Italien, am 25. Mai 1897 bestand ich die zweite theologische Prüfung.

Allen hier genannten Herren sage ich für ihr freundliches Interesse an meinen Studien und ihre Mühwaltung um meinetwillen meinen wärmsten Dank. Auch möchte ich es nicht unterlassen, in diesen Dank Herrn Professor Dobbert einzuschliessen, der mir kurz vor der Drucklegung dieser Arbeit noch verschiedene wertvolle Notizen gab, ebenso meinen lieben Freund Herrn Paul Grasnick, dessen Atelier ich die mustergültige Ausführung meiner beigefügten Skizzen verdanke.

1) Gordianus und Petrus. Reconstruction des ersten Frescobildes im Atrium des römischen Andreasklosters.

✝ CHRISTE POTENS DOMINE NOSTRI LARGITOR HONORIS
INDVLTVM OFFICIVM SOLITA PIETATE GVBERNA

Reconstruction der absidicula mit Gregors Portraitmedaillon nach Joh. Diaconus. (In den beiden Zwickeln waren wohl die Medaillonbrustbilder des Paulus und Petrus vom Mönche Saturninus angebracht.)

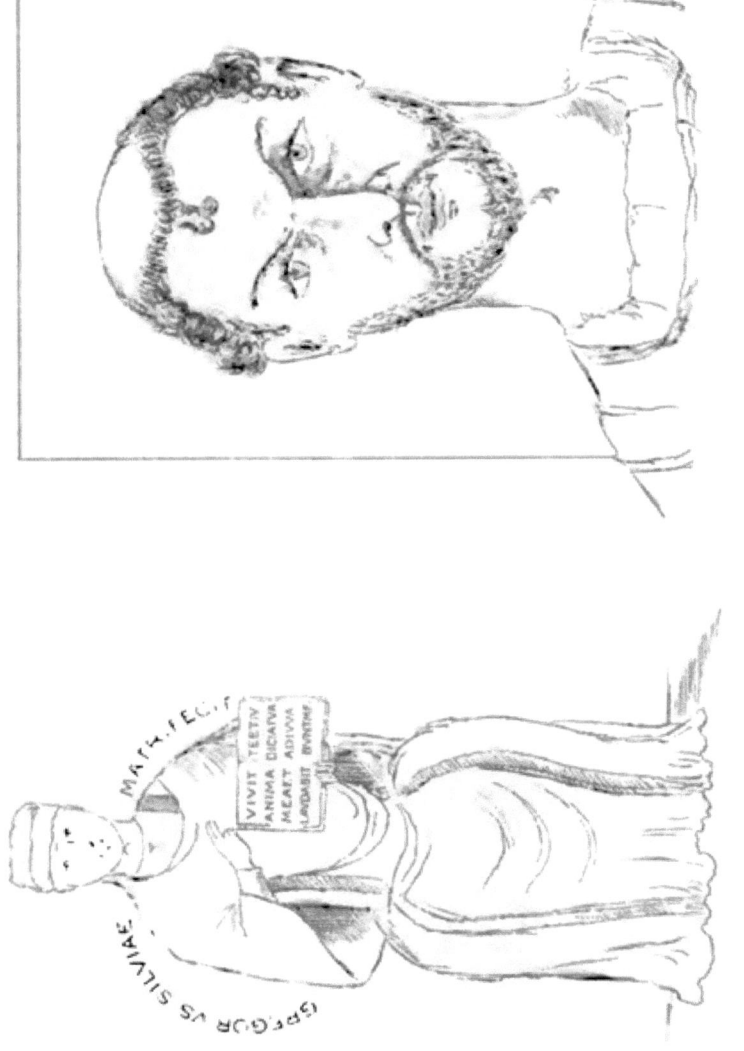

a) Silvia. Reconstruction des zweiten Freskobildes, ibid.

Gregors Kopf. Reconstruction nach der Schilderung des J. Diaconus.

Gregor nach dem
Diptychon von Monza.
(Abguss des christl. Mus.
zu Berlin.)

Gregor nach einem Elfen-
beinrelief der Kgl. Biblioth.
zu Berlin. 9.—10. Jh.
(Abguss des christl. Mus.
Berlin.)

GREGORE V

Gregor nach der Miniatur
des Boetiusdiptychons.
(Nach Photographie.)

Gregor nach Roccas
Reconstruction.